格致方法 · 定量研究系列 吴晓刚 主编

纵贯研究（第二版）

[美] 斯科特 · 梅纳德(Scott Menard) 著
李俊秀 译

SAGE Publications ,Inc.

格致出版社 上海人民出版社

出版说明

由香港科技大学社会科学部吴晓刚教授主编的"格致方法·定量研究系列"丛书，精选了世界著名的SAGE出版社定量社会科学研究丛书中的35种，翻译成中文，集结成八册，于2011年出版。这八册书分别是:《线性回归分析基础》、《高级回归分析》、《广义线性模型》、《纵贯数据分析》、《因果关系模型》、《社会科学中的数理基础及应用》、《数据分析方法五种》和《列表数据分析》。这套丛书自出版以来，受到广大读者特别是年轻一代社会科学工作者的欢迎，他们针对丛书的内容和翻译都提出了很多中肯的建议。我们对此表示衷心的感谢。

基于读者的热烈反馈，同时也为了向广大读者提供更多的方便和选择，我们将该丛书以单行本的形式再次出版发行。在此过程中，主编和译者对已出版的书做了必要的修订和校正，还新增加了两个品种。此外，曾东林、许多多、范新光、李忠路协助主编参加了校订。今后我们将继续与SAGE出版社合作，陆续推出新的品种。我们希望本丛书单行本的出版能为推动国内社会科学定量研究的教学和研究作出一点贡献。

总 序

往事如烟，光阴如梭。转眼间，出国已然十年有余。1996 年赴美留学，最初选择的主攻方向是比较历史社会学，研究的兴趣是中国的制度变迁问题。以我以前在国内所受的学术训练，基本是看不上定量研究的。一方面，我们倾向于研究大问题，不喜欢纠缠于细枝末节。国内一位老师的话给我的印象很深，大致是说：如果你看到一堵墙就要倒了，还用得着纠缠于那堵墙的倾斜角度究竟是几度吗？所以，很多研究都是大而化之，只要说得通即可。另一方面，国内（十年前）的统计教学，总的来说与社会研究中的实际问题是相脱节的。结果是，很多原先对定量研究感兴趣的学生在学完统计之后，依旧无从下手，逐渐失去了对定量研究的兴趣。

我所就读的美国加州大学洛杉矶分校社会学系，在定量研究方面有着系统的博士训练课程。不论研究兴趣是定量还是定性的，所有的研究生第一年的头两个学期必须修两门中级统计课，最后一个学期的系列课程则是简单介绍线性回归以外的其他统计方法，是选修课。希望进一步学习定量研究方法的可以在第二年修读另外一个三学期的系列课程，其中头两门课叫“调查数据分析”，第三门叫“研究设计”。除此以外，还有如“定类数据分析”、“人口学方法与技术”、“事件史分析”、“多层线性模型”等专门课程供学生选修。该学校的统计系、心理系、教育系、经济系也有一批蜚声国际的学者，提供不同的、更加专业化的课程供学生选修。2001 年完成博士学业之后，我又受安德鲁·梅隆基金会资助，在世界定量社会科学研究的重镇密歇根大学从事两年的博士后研究，其间旁听谢宇教授为博士生讲授的统计课程，并参与该校社会研究院(Institute for Social Research)定量社会研究方法项目的一些讨论会，受益良多。

2003 年，我赴港工作，在香港科技大学社会科学部，教授研究生的两门核心定量方法课程。香港科技大学社会科学部自创建以来，非常重视社会科学研究方法论的训练。我开设的第一门课“社会科学里的统计学”(Statistics for Social Science)为所有研究型硕士生和博士生的必修课，而第二门课“社会科学中的定量分析”为博士生的必修课(事实上，大部分硕士生在修完第一门课后都会继续选修第二门课)。我在讲授这两门课的时候，根据社会科学研究生的数理基础比较薄弱的特点，尽量避免复杂的数学公式推导，而用具体的例子，结合语言和图形，帮助学生理解统计的基本概念和模型。课程的重点放在如何应用定量分析模型研究社会实际问题上，即社会研究者主要为定量统计方法的“消费者”而非“生产者”。作为“消费者”，学完这些课程后，我们一方面能够读懂、欣赏和评价别人在同行评议的刊物上发表的定量研究的文章；另一方面，也能在自己的研究中运用这些成熟的方法论技术。

上述两门课的内容，尽管在线性回归模型的内容上有少量重复，但各有侧重。“社会科学里的统计学”(Statistics for Social Science)从介绍最基本的社会研究方法论和统计学原理开始，到多元线性回归模型结束，内容涵盖了描述性统计的基本方法、统计推论的原理、假设检验、列联表分析、方差和协方差分析、简单线性回归模型、多元线性回归模型，以及线性回归模型的假设和模型诊断。“社会科学中的定量分析”则介绍在经典线性回归模型的假设不成立的情况下的一些模型和方法，将重点放在因变量为定类数据的分析模型上，包括两分类的 logistic 回归模型、多分类 logistic 回归模型、定序 logistic 回归模型、条件 logistic 回归模型、多维列联表的对数线性和对数乘积模型、有关删节数据的模型、纵贯数据的分析模型，包括追踪研究和事件史的分析方法。这些模型在社会科学研究中有着更加广泛的应用。

修读过这些课程的香港科技大学的研究生，一直鼓励和支持我将两门课的讲稿结集出版，并帮助我将原来的英文课程讲稿译成了中文。但是，由于种种原因，这两本书拖了四年多还没有完成。世界著名的出版社 SAGE 的“定量社会科学研究”丛书闻名遐迩，每本书都写得通俗易懂。中山大学马骏教授向格致出版社何元龙社长推荐了这套书，当格致出版社向我提出从这套丛书中精选一批翻译，以飨中文读者时，我非常支持这个想法，因为这从某种程度上弥补了我的教科书未能出版的遗憾。

翻译是一件吃力不讨好的事。不但要有对中英文两种语言的精准把握能力,还要有对实质内容有较深的理解能力,而这套丛书涵盖的又恰恰是社会科学中技术性非常强的内容,只有语言能力是远远不能胜任的。在短短的一年时间里,我们组织了来自中国内地及港台地区的二十几位研究生参与了这项工程,他们目前大部分是香港科技大学的硕士和博士研究生,受过严格的社会科学统计方法的训练,也有来自美国等地对定量研究感兴趣的博士研究生。他们是:

香港科技大学社会科学部博士研究生蒋勤、李骏、盛智明、叶华、张卓妮、郑冰岛,硕士研究生贺光烨、李兰、林毓玲、肖东亮、辛济云、於嘉、余珊珊,应用社会经济研究中心研究员李俊秀;香港大学教育学院博士研究生洪岩璧;北京大学社会学系博士研究生李丁、赵亮员;中国人民大学人口学系讲师巫锡炜;中国台湾"中央"研究院社会学所助理研究员林宗弘;南京师范大学心理学系副教授陈陈;美国北卡罗来纳大学教堂山分校社会学系博士候选人姜念涛;美国加州大学洛杉矶分校社会学系博士研究生宋曦。

关于每一位译者的学术背景,书中相关部分都有简单的介绍。尽管每本书因本身内容和译者的行文风格有所差异,校对也未免挂一漏万,术语的标准译法方面还有很大的改进空间,但所有的参与者都做了最大的努力,在繁忙的学习和研究之余,在不到一年的时间内,完成了三十五本书、超过百万字的翻译任务。李骏、叶华、张卓妮、贺光烨、宋曦、於嘉、郑冰岛和林宗弘除了承担自己的翻译任务之外,还在初稿校对方面付出了大量的劳动。香港科技大学霍英东南沙研究院的工作人员曾东林,协助我通读了全稿,在此我也致以诚挚的谢意。有些作者，如香港科技大学黄善国教授、美国约翰·霍普金斯大学郝令昕教授，也参与了审校工作。

我们希望本丛书的出版，能为建设国内社会科学定量研究的扎实学风作出一点贡献。

吴晓刚

于香港九龙清水湾

目 录

序

截面研究是分析某一时间点的数据，而纵贯研究则分析跨时间的数据。在典型的截面研究中，每个个案的变量都只在同一时间测量一次，如 2000 年美国总统选举前的民意调查。典型的纵贯研究是变量在不同的时期被反复测量。例如，同一批选民在 1996 年和 2000 年的总统选举前都被访问过，并回答同样的问题。第二种研究叫做“追踪样本研究”，一般来说，其研究成本比截面调查高很多。这样做值得吗？回答是值得，尤其是当为了衡量变化而且能广泛而确定地推断因果关系时。

玛丽·布朗(Mary Brown)教授是一名政治学家，假设她对经济投票理论很感兴趣，即选民个人经济状况的改变如何影响对总统政党的支持。我们假设在追踪样本研究中，在时间 1(1996 年)和时间 2(2000 年)都问到受访者的财务状况和投票情况。时间 1 与时间 2 的变化则代表态度和行为的真正改变。此外，由于时间顺序，它们能更有力地推断经济环境对投票行为的影响。至于因果关系的论据，追踪样本方法比截面研究强得多，因为截面研究无法记录真正的变化。

追踪样本方法只是纵贯研究设计中的一种,事实上,它可分为前瞻性和回顾性两种,梅纳德教授在这本书中详尽地描述了不同的纵贯设计类型。除了追踪样本方法,还有总人口设计、重复截面和旋转追踪样本方法。在总人口设计中,人口被重复测量,如美国人口普查;重复截面研究是对人口独立和反复的抽样,如美国国家选举研究;旋转重访法,即对人口反复抽样,而且每隔几段时间会加入或删除子样本,如国家犯罪调查。不同的研究设计收集纵贯数据时,都会出现一些特别的问题。例如追踪样本研究的个案流失可能很严重,难以推断变量在不同时段的变化。缺失数据的处理则更困难。本书会仔细讨论这些问题。

纵贯研究的分析相当复杂,但梅纳德教授的解释非常简明。良好的分析策略部分取决于样本的形态,包括个案和时期的数量。时间序列数据多具有个案少和时段多的特点,一般可用部分自回归调整程序。相反,多个案和少时段具有追踪样本特点,可用改变值或滞后内生变量来分析。由于有越来越多的纵贯数据可用,因此研究者不断地推出崭新的纵贯分析方法。本书浅显易懂,研究发展趋势、历史变迁、态度改变或动态过程的学者将从中受益良多。

迈克尔·S. 刘易斯-贝克

第1章

概　述

从国家层面上,收集纵贯数据的历史已超过300年,它始于新法兰西(加拿大)[①]的定期人口普查,并从1665年至1754年在魁北克省继续进行。虽然它不是第一次人口普查,但是代表第一次的定期人口普查,而不是单一、独立没有规则的人口普查,后者早在公元前1491年的以色列就已存在了(Thomlinson, 1976)。其后,1749年的瑞典、1769年的挪威和丹麦、1790年的美国也开始进行定期的普查。美国是非常特别的,因为它的纵向普查数据是从建国第一个10年一直延续到现在。从个人层面而言,早在1759年,巴尔特斯和内塞尔罗德以及沃尔和威廉姆斯最早使用了纵贯数据集(主要是个案和履历资料分析)(Baltes & Nesselroade, 1979; Wall & Williams, 1970)。第一次世界大战后,美国就开始了不同的长期儿童发展研究项目。1970年后,出现了各种各样的社会和行为科学的纵贯研究。纵贯研究的快速发展证明,研究人员和主要研究经费机构都认同它的重要性。每当问起纵贯研究的重要性,通常会着重于其研究设计和分析等质量方面。

① 指法国人在加拿大建立殖民地的新法兰西时期。——译者注

对许多人来说，纵贯研究已被吹捧成灵丹妙药，它可用于建立时间顺序、测量变化大小并提供因果解释的依据。虽然纵贯研究的确有它的优势，但其成本昂贵，并且存在其他困难。纵贯研究并不是必要的，即使是用来测试因果关系(Blalock，1962；Davis，1985)，特别是在预先已经知道变量的时间次序(例如生物或遗传特征，如性别、种族、年龄)的情况下。纵贯数据绝不能解决拙劣的研究设计和数据分析的问题。

在本书中，我用“纵贯”一词并不单指一个方法，而是一系列类似的方法(Zazzo，1967，引自 Wall & Williams，1970)。理解这类方法最好的方式就是将其与截面研究进行比较。纯截面研究中的每个人、研究对象、国家或个案只测量一次，每道题、概念或变量的测量都在单一时间或时期进行，每个个案的每个变量的测量只出现于某段足够短的时间内(这一测量对所有个案和变量最好是同时的)。这种测量数据称为“同时发生”，也就是说，所有变量和所有个案的测量都在同一时间发生。根据具体的研究，时间单位可以是秒、天、月、年或其他。社会行为科学研究中的“时间”与实验研究的“分钟”或跨国研究的“年代”不同。

纵贯研究的界定必须由研究数据和分析方法来判断。纵贯研究须满足以下条件：(1)每道问题或变量的数据要在两个或以上的不同时间收集；(2)不同时间的个案或对象要相同或至少是可比较的；(3)分析包括对不同时间数据的比较。最低限度是，任何真正的纵向设计都可以测量从一个时期到另一个时期之间的变化或差异。根据这个定义，有几类研究可以被视为纵贯研究。其中一种是，在两个或两个以上不同的时期收集数据,每次都是同样的个案和变量,这就是前瞻式追踪样本设计。另外一种是,在某一个时期收集的关于几个不同时期的数据,通常包括最后一期的数据,这是回顾追踪样本设计。回顾纵贯设计与前瞻纵贯设计在各方面基本上是相同,除了数据收集的次数和访问者的回忆时间长度。两个追踪样本设计在不同时间的个案和变量都要保持不变。第三种是数据在不同时段被重复收集几次,同变量但不同个案,这个方法是重复截面设计,每段时间的数据可被视为一个单独的截面数据,不过,因为个案可比较(例如使用概率抽样在同一人口样本抽样),所以我们可以比较不同时期的变化。第 3 章将详细地介绍不同类型的纵贯设计。

巴尔特斯和内塞尔罗德以及沃尔和威廉姆斯提过狭义的纵贯研究,除了前瞻追踪样本设计外,他们排除了所有其他方法,但他们承认在定义纵贯研究上还没有达成共识(Baltes & Nesselroade, 1979: 4; Wall & Williams, 1970: 14)。巴尔特斯和内塞尔罗德认为应根据具体的研究情况去定义。心理学的发展研究仅用纵贯追踪样本设计可能较为适合,但对其他学科而言又似乎过于局限。使用广义纵贯研究的原因,首先是对纵贯研究的定义缺乏共识,第二是考虑所有在不同时期收集数据的方法的特点和实用性。

本书的第 2 章主要讨论纵贯研究的目的和在区分历史变化和发展变化方面的困难。第 3 章介绍并讨论收集纵贯数据的基本设计。第 4 章讨论可能影响纵贯数据质量的问题。第 5 章简略地介绍纵贯分析的方法。

第2章

纵贯研究的目的

纵贯研究有两个主要目的,第一是描述变化的模式,第二是建立因果关系的方向(正或负,从Y到X或从X到Y)和幅度(零强度的关系表示没有因果关系)。测量变化通常涉及时间或年龄。时间是从研究个案或对象的外部衡量(例如2000年8月28日下午),年龄是研究个案或对象的内部衡量(例如从出生开始算起,经历38年7个月26天8小时和27分钟)。从某种意义上来说,年龄代表人类的生物时间。选择时间或年龄作为连续数可能是重要的,不过,为了某些目的,同时包括两者的分析可能很有用。区分与年龄相关的差距也是重要的,不管年龄数据是截面式(如,1990年时40岁与50岁的差异)还是纵贯式(如,同一个人在1990年40岁时与在2000年50岁时的差异)。当测量年龄是截面式时,指的是40岁与50岁的变量差异,可解释为在某特定时间内,出生组或年龄组之间的差异。若是纵贯式,可解释为世代或年龄组随着时间发展而产生的差异。

第 1 节｜年龄、时期和世代效应

年龄与时期在概念上是连续的，在度量和解释的变化上，可能会出现严重的问题。为了了解这些问题，在讨论测量的历史和发展变化之前，我们需要先讨论年龄、时期、世代效应之间的区别以及年龄、时期和世代作为变量和分析单位的不同概念的区别。

格伦定义了世代的人口结构（Glenn，1979），世代是指那些以地理或以其他方式划定的人，并且他们在某特定时期经历了同样的重大生活事件。莱德也提出过类似的定义（Ryder，1965）。格伦和莱德都注意到，虽然世代经常用来指称出生的世代（那些出生在某一年或时期的人），但是我们可以将其定义为某年结婚或离婚、退休、第一份工作、入学、大学或研究院毕业、发生事件的年份。格雷茨使用“事件世代”来描述出生世代之外的组群（Graetz，1987）。

假设我们要研究人们的政治态度是否随着年龄增长而变得保守。方法之一是在某一年调查不同年龄的人，然后比较年龄较大与较小的受访者。如果老年人的政治态度比年轻人的保守，我们可以总结随着年龄增加，政治态度会变得更保守。但另一个可能的解释是，也许这些老年人年轻的时候就已经很保守，或许现在的年轻人以后仍然保持较不保守。换言之,截面研究结果的差距可能不是因为年龄因素,而是受到不同出生世代的影响,即不同的生活经验和年龄可能对人的态度有长远的影响。

现在假设不做截面研究,我们可以选择一个出生群组,从中选出部分人,每5年至10年进行一次访问,直到他们过世。研究结束后,如果我们发现受访者越老越保守,那么,我们可总结说,随着年龄的增加,政治态度会变得更保守。但是,仍有一个可能的解释,即在任何一年中,各年龄组都没有真正的差别,但每个人,无论是青年人还是老年人,都随着时间变得越来越保守,这跟年龄无关。这可能是历史、特定年代或时期的影响,而不是年龄。换句话说,无论年龄大小,当代事件可能对政治保守主义有实时的影响。时期差异的问题不会出现在截面的研究中,因为它只有一个时期。世代差异的问题也不可能在截面研究中出现,因为它也只有一次。

由于截面研究或单一纵贯研究都不能消除世代成员和周期效应的其他解释,所以比较合乎逻辑的方法就是把两者结合成多年多世代设计。然后,我们可以控制两者以考察年龄对政治保守主义的影响。问题是,当我们控制任何两个变量时,假设年龄、时期和世代成员的影响全是线性的,控制其中任两个后,第三个也会被控制,这是因为年龄、时期、世代的成员都是线性相关的,其中两个变量组成另一个线性函数。在数学上,

世代(出生年份)＝时期(日历年)－年龄(自出生至今的年数)

我们测试政治保守随年龄而增加的假设仍受到干扰,例如把年龄、时期和世代都加入回归方程会导致完全共线性。

任何年龄的影响，在没有控制时期和世代的情况下，都可能是由于世代与趋势共同或任何一方的影响。格伦对于这个问题与世代分析的其他问题（抽样、样本死亡率等）都进行过详细的讨论（Glenn，1977）。

线性相关与世代概念

人们尝试用不同方法去解决年龄、时期和世代的线性相关问题，如使用虚拟变量回归分析，同时限制模型中的参数的某些假设（Mason et al.，1973），或者重组和去掉3种效果中的一个或更多（Palmore，1978）。

这些方法，尤其是虚拟变量回归模型，是相当具有争议性的（Baltes et al.，1979；Glenn，1976、1977；Knoke & Hout，1976；Mason et al.，1976；Rodgers，1982a、1982b；Smith et al.，1982），包括假设的可行性和在处理年龄、时期和世代的线性相关问题时违反必要假设的后果。虽然虚拟变量回归模型中的限制可以消除完全共线性这个问题，但是模型中虚拟变量仍是高度共线性的，而且不同的限制可能产生非常不同的结论。此外，这些方法都不能解决线性相关的问题，因为梅森等人的模型假定，不是所有的效应都是线性的（Mason et al.，1973），帕穆尔（Palmore）的方法是预先消除一个效应。

请注意，线性相关的问题适用于出生世代，但对其他类别的世代不一定适用。在某种程度上，某个事件不会与年龄或时期相关，因为事件世代基于该事件，所以它同样不与年龄或时期线性相关。在某些情况下，线性相关可能预先已消除了。第二也是最根本的一点是,世代是把个人集合起来作为分析的单位。正因为这样,莱德做了一些世代影响的研究(Carlson, 1979; Lloyd et al., 1987; Wetzel et al., 1987)。巴尔特斯等人讨论了世代的三个可能概念(误差或干扰;归纳维度;理论和过程变量)(Baltes et al., 1979),其中,归纳维度将世代作为分析单位多于理论变量。有些世代研究也将世代作为解释变量,这就认同了世代是一个分析单位(Wright & Maxim, 1987)。

世代是将个人(个案)集合起来,分析方法也与其他研究(个人、城市、国家)一样。社会科学研究中的世代,像其他集合个案一样,都具有可量度的特性,如一些固有的累积性质(大小、性别比例、种族构成)等、总和(如被捕的总人数)或平均数(收入中位数)。然而,我们不会这样量度年龄或时期,但我们可以衡量个案在特定年龄或时期中的整体特征。年龄和时期是时间的集合,大多作为变量而不是分析单位。在社会研究分析中,它们可能用来划定个案以进行分析,但本身通常不作为分析单位。

年龄、时期、出生世代分别回答这些问题:“你多大了?”“今年是哪一年?”“你出生在哪一年?”

“你多大了?”这个问题的答案也许可以解释某些行为模式——尿裤子是婴儿期最常见的,叛逆行为在青春期是最严重的,退休在65岁后是最普遍的。年龄是行为发展的一个解释。“今年是哪一年?”的答案也可能有助于解释某些行为模式——在美国,1960年后滥用药物比以前更普遍,1960年前种族歧视较常见。时期提供了一个解释,至少也是可能的解释(Hobcraft et al., 1982),其本质上就是历史,这些历史事件可能有助于解释某种特定的行为。“你出生在哪一年？”有两种回答方法。第一种叫做“东方占星术”，即出生年份有某些特征。例如，根据东方占星术，出生在野马年（每60年一个循环）的妇女有杀夫的倾向。对于大多数社会科学家而言，这显然不是一个解释杀人的好方法，然而，无论是实际生育情况还是日本人口数据局的记录（但未必完全正确），都有同样的效应（Population Reference Bureau, 1989）。另一种解释是，哪年出生（成长）和某特定事件（历史）可能会形成某些行为。换言之，出生世代的效应用出生年份来衡量，可以视为年龄与时期的相互作用。

世代效应：重新定义和更换

研究世代影响的方法之一，就是把它作为年龄和时期的相互影响。另一种方法是假设不是世代成员本身，而是与出生世代相关的一些特征或特性而形成明显的世代效应。但问题是要确定该世代的适当特征或特点，这属于理论而非方法上的问题。

可能的解决方案是用该出生世代的出生人数或世代的大小取代出生年份以衡量世代。莱德指出：“相对于邻近的世代，每一个世代的人口数量受到该世代所生存的环境特征的持续影响和制约。”（Ryder, 1965：845）梅森等人指出，年龄、时期、世代是不可测量的变量的代理，他们说：“如果世代大小是造成（不同世代间）实质性差别的原因，并且可以通过测量得到该大小的话，那么就可以将世代大小作为一种更好的研究变量，而没有必要将世代（本身）纳入模型中。”（Mason et al.，1976:905)此外，用世代大小只可消除虚拟变量回归模型的估计问题，因此，分析结果就不会太粗浅。莱德指出，世代大小是分辨各世代的特点之一，但是，自 1968 年出版了伊斯特林有关世代大小对劳工市场影响的研究，以及发表于 1980 年关于世代大小对社会问题，包括失业、离婚、罪案的研究后，世代大小已成了研究中一个很重要的角色(Easterlin，1987)。

之所以提到这一点，是因为当世代大小或其他世代特质(或涉及年龄与时期非线性交互项)在概念或理论上更适用于研究年龄、时期和世代效应时，我们有时仍会用出生年份来衡量世代。这样做部分是源于无法辨认清年龄、时期和世代具有性质上不同的概念状态。虽然世代成员从纯粹方法论的角度来看，可当做一个解释变量，但是年龄和时期更适合做解释变量，尤其是年龄(Hobcraft et al.，1982)。理想的情况是，可以删除时期和世代，然后换上可在因果分析中当代理的变量。

在研究发展或历史转变的分析中，应用多年多世代设计，加上适当地操控年龄、时期和世代效应(如应用世代特征或非线性年龄—时期交互作用)，那么我们就可以测量年龄、纯时期和世代成员对政治态度的效应。其他解决年龄、时期和世代效应的混淆问题的方法，不管是在理论上或方法上，都需要在推断年龄效应之前找到。如政治保守主义的例子，理论上可能合理地删除影响政治态度的世代成员，或假设(基于理论架构)任何世代成员的影响都是通过世代大小(或其他特质)实现的。这样做才有可能估计年龄(成长)和时期(历史)对政治态度的影响。请注意，如果没有纵贯数据，发展、历史和世代成员的效应是不可能清楚地分辨出来的。

时期效应:随着时间而改变

只要有人想把年龄、时期和世代效应分开,就可能要检视它们随着时间而产生的变化。这意味着要么忽略世代效应,要么将其用世代特征(如世代大小)代替。另外,如果我们只关心时间(历史的改变)而不理会年龄的变化(发展的改变),我们就要否认年龄是完全无关的因素,或视年龄为解释变量,或控制年龄来进行特定年龄比较。

纵贯研究中的一个关注点就是简单地描述各变量随时间而变化的情况。在个人研究分析中,这可能包括宗教信仰、政治保守主义、饮酒情况。这些变化更常被视为个人发展变化而非历史趋势。在集合数据层面,我们可以使用在犯案或受害者的比例、劳动生产量、人均国民生产总值、学业能力倾向测试(SAT)分数、婴儿死亡率等方面的变化来作为衡量在满足基本社会需要或达到理想社会目标方面进步还是后退的社会指标[1](测量基本社会需要上升或下降或达到合适的社会目标的情况)。在这个层面,可能需要控制年龄效应。婴儿死亡率已经表明特定年龄(虽然母亲的年龄会影响1岁前婴儿死亡的可能性),SAT的考生主要介乎16岁至18岁之间。因此,年龄已经完全或绝大部分被控制了。犯罪和受害的比例相当容易受到人口年龄分布的影响(Chilton & Spielberger, 1971; Skogan, 1976)。如果要评估变量的历史趋势,控制年龄构成是必要的。人均国民生产总值很容易受到年龄相关比例的影响(不足15岁、65岁以上与16岁至64

岁的比率)。同样,劳动生产量与劳工的年龄分布之间有相当高的相关性,但如果在收集数据后的一段时间内,这些变化会缓慢地变化或基本上保持一个常数,因此,可以忽略时期趋势中的年龄或年龄分布的变化。

一个最安全的研究趋势的方法就是使用特定年龄比较。在一个特定年龄比较中,只能将某年某个年龄的个案与随后几年的同龄人相比。年龄代表某个年龄(如 15 岁)或年龄组(如超过 65 岁)所有的年龄和年龄组都可以分别比较。例如,高德和他的同事在一个重复截面设计的研究中,检测了 13 岁至 16 岁青少年自我报告的犯罪率(Gold & Reimer, 1975; Williams & Gold, 1972),结果发现,1967 年至 1972 年间几乎没有变化。

梅纳德的 1976 年至 1980 年国家概率抽样 15 岁至 17 岁的青少年的研究得到了类似的结果(Menard, 1987b)。科维和梅纳德探讨了 65 岁以上的受害和被捕趋势,发现在这一年龄组中,逮捕率普遍提高而受害率普遍下降(Covey & Menard, 1987、1988)。在上述例子中,控制了年龄后,有没有趋势的变化会相对明确些。如果没有控制年龄,即使用整个人口而非一个样本的数据,也可能难以确定变化本身是历史性的还是发展性的。奇尔顿和施皮尔贝格尔研究官方犯罪率的变化,结果发现随着时间,大部分明显的变化(表面上可以改变人的行为)是由于年龄结构的变化,或者更具体地说,是人口中青少年的百分比的变化(Chilton & Spielberger, 1971)。个别的研究会有所不同,但一般情况下,明显的趋势变化可能是由于年龄的变化(个人层次)或年龄结构的调整(集体水平)。

变量关系的历史趋势

纵贯的另一个关注点是对变化的检验,这种关注不在于随着时间推移,变量数值或水平的变化,而是变量之间关系的变化。例如,死亡率在过去两个世纪以来一直下降。这说明公共健康措施(卫生、安全饮用水、杀菌等等)对早期死亡率的下降起了主要作用,而药物发挥的作用有限,但后期阶段下降的主要原因是医学进步(疫苗、抗生素)而非公共健康措施(McKeown, 1976; McKeown & Record, 1962; McNeill, 1976)。豪特等人研究从1944年至1992年,美国社会阶层(从专业到低技术蓝领)和总统选举投票行为之间的关系,发现不同阶层有不同的模式,最高层(专业)随着时间的推移,转而支持共和党候选人,最低的三个社会经济阶层(特别是非专业自雇人士和熟练工人以及技术人员)投票给民主党的趋势也随时间下降了(Hout et al., 1999)。

要探讨关系趋势变化的强度或方式,有一个重要的问题就是新数据能重复以前的研究结论。埃利奥特等人使用连续几年的数据去检验一个犯罪行为的理论模型,变量包括犯罪、滥用药物、精神健康(Elliott et al., 1989)。初期试验结果显示,该模型能很好地解释犯罪与滥用药物的关系,但不能很好地解释精神健康的问题。用同样的样本,一年后再衡量,埃利奥特等人成功地复制了第一次的结果。结果能够从一个时期复制到下一个时期(这是结果可信性的标志)比单一没有复制的研究,为模型建构提供了更多的支持。

复制并不总是成功的,关系的强度或形式随时间而变化的证据可能表示关系有实际的变化或方法上出现问题,如不稳定或不可信的测量,或设定了错误的因果模型。梅纳德测试了一个生育率模型,这是 85 个发展中国家 1970 年至 1980 年期间的模型(Menard, 1987a)。两个时期的整体模式都非常相似,但涉及家庭计划生育方案成就在 1970 年至 1980 年这段时间内有些变化,通常往较弱关系的方向变化。除此之外,两个时期的模型结果几乎相同。正如梅纳德所指出的,这些变化可能反映了在对家庭计划生育方案成就的测量上有所不同,但高的关系强度(皮尔森相关系数=0.83)似乎暗示了这更可能是关系的真正变化而不是不可靠的测量。如果没有复制研究,无论测量的不稳定或不可靠性还是整体模型不同时期的一致性,都不可记录。

年龄效应:生命周期和发展变化

巴尔特斯及内塞尔罗德列出纵贯(更具体地说,对他们来说是前瞻式追踪样本研究)的五个目标或依据:(1)直接鉴定个体内的变化,即个人在某段时间是否有变化;(2)直接鉴定个体间的相似点或在个体内变化上的差异,即个人改变的方式是否相同;(3)分析行为改变的相互关系,即变化是否互相相关;(4)分析个体内变化的原因或决定因素,即为什么个人在某段时间会有变化;(5)分析个体间变化相似或差异的原因或决定因素,即为什么不同的人在某时期有不同的变化(Baltes & Nessel-roade, 1979)。这些目标全部关注发展变化的形式,特别在个人层面上,虽然它们很容易伸延至集体层面(组群、组织、城市、国家)。在个人层面,个体内变化可能包括思想(政治越来越保守)、经历(就业、转工、退休)或者发生在他们身上的事(被逮捕或被抢劫)。在一项个体内变化的研究中,年龄是与年龄相关的生理变化和受社会影响的指标(Hobcraft et al. , 1982),要测量这些变化可能比较难。

基于某些目的,用截面数据简单地去推断个体内变化也是合理的。例如,从被捕率和生育年龄层的截面数据,我们可以合理地推断,7 岁之前不可能被捕或生小孩,但在青春期和青年时,这种概率会一直增加,直到 65 岁后就又会大大减少。这种与年龄有关的差异不太可能是时期影响或世代特征。另一方面,基于截面数据而推断,人越老就越保守并接受越少的教育并不是很准确。如前所述,在特定时期,政治态度的年龄差异可能反映了态度随着年龄而变,或是态度不随年龄而变但随世代而变。如果老一代人的教育比年轻一代的少,这不是因为他们"未受教育",一个更合理的解释是,教育程度随着时间(时期效应)而增加,造成连续世代的平均教育水平有差异。

使用截面数据去研究年龄和行为之间的关系相当于建造一个综合世代,这是人口死亡率和生育率研究中常见的方法。例如,平均寿命和时期总生育率是基于截面的死亡率和生育率,但是是由保险公司或其他来推算随着年龄增长,有什么事件可能发生在个人或世代身上。如施赖奥克和西格尔提出,综合世代测量的效用取决于在何种程度上,它们反映了世代的实际经验(可用对世代的纵贯研究进行评测)(Shryock & Siegel, 1976:324)。在某些情况下,截面和纵贯数据可能出现非常不同的发展模式结论。举例来说,格林伯格使用官方犯罪报告(Greenberg, 1985),梅纳德和埃利奥特采用自我报告的犯罪研究，同时发现在研究年龄和违法行为之间的关系时使用截面数据和纵贯数据可能得出不同的结论(Menard & Elliott, 1990a)。纵贯和截面结果的差异可能是由于世代大小的影响(Elliott et al., 1989:107—109; Menard & Elliott, 1990b)。

如果我们想研究行为的“生涯”模式，就更迫切地需要纵贯数据。最明显的就是劳动力市场的研究，从最初入职、升职、转工、失业，最后到退休或死亡。类似这种研究包括教育程度以及职业地位和收入(Blau & Duncan, 1966)。其他“生涯”角度的应用包括婚姻的历史(Becker et al., 1977)、教育程度、学习的过程(Heyns, 1978)和职业性犯罪(Blumstein et al., 1986)。这些研究的共同点都是关注行为的生涯模式，从入职、继续和离开的行为，以及行为的转变或不连续性(失业、转新工、离婚、再婚、辍学和再入学、暂停和恢复犯罪行为)的相关性和潜在原因。只有纵贯数据，更具体地说，追踪样本数据，才可以回答很多关于生涯发展模式的问题。

生命历程的研究(Giele & Elder, 1998)类似个人生涯研究，但扩展了生涯模式，明确地从更广泛的历史和社会背景角度去了解个人的变化。综合生命历程研究的角度如下：(1)时间性(历史)和地点(社会和文化)；(2)生命关系：从人际关系和社会制度的层面去看人与人的结合；(3)人类智能：个人目标设定和达到目标的能力和倾向；(4)掌握时机：决定何时采取行动或制定策略，不仅基于内在目标，还有外在的事件或条件。相反的观点认为，生命有固定的阶段，从生命历程的角度来看，个人的转变是由于个人目标(人类智能)和外在影响(掌握生命中的时机)的不同。生命历程着重现象研究，这只能从长期纵贯研究（事件史或轨迹）中分析出来，不同个人的时机、期限或变动率都不一样。

纵贯数据在实验研究和评估研究中也很重要。大多数实验设计和准实验设计本质上是纵贯的，衡量实验性治疗或干预前（前测）后（后测）的变化（Campbell & Stanley，1963）以确定变化是源于干预的影响还是实验组和控制组早已存在的差异。在实验设计中，即使没有前测，但假设研究者把参加者随机分配到不同治疗组，就能够令各组不会出现任何重要变量的差别或它们的偏离服从已知的统计分布。因此，即便后测的实验设计也包括一个关键的纵贯假设，即假设实验组和控制组于前测时没有或仅有很少差异，但前后测的差异只代表两组之差的差别。同样，评估研究通常会收集前测或基线数据（Rossi et al.，1999）。缺乏前测或基线数据会导致无法确定治疗或干预前后的变化是完全基于治疗或干预的效应，还是两组早已存在的不同。

变量关系的发展趋势

除关注从一个时期到另一个时期的关系强度或模式变化，我们也想检验从一个年龄到另一个年龄的关系强度或模式变化。在这里，是基于截面数据的比较（世代与世代间）还是纵贯数据的比较（世代内）取决于我们是否关心发展变化是否能在截面数据中得到很好的体现。如果使用纵贯数据，则必须考虑任何变化是否由年龄、时期或世代效应所造成。

在美国新泽西州一个针对341位少年的研究中，拉格朗日和怀特发现，对年龄大（18岁）和年龄小（12岁）的青少年男孩,只有一个变量——与违法朋友的交往程度——对犯罪行为有重大的影响(LaGrange & White, 1985)。然而,对于15岁的男孩,家庭和学校的变量也影响到他们的犯罪行为,影响力有时比违法朋友更大。尽管样本数量很少,特定年龄的子样本甚至更少,但他们的研究提出的重点是,多元因果分析结果可能有所不同,至少在关系的强度方面,这取决于样本的受访者的年龄。由于数据是截面(同一年份的不同年龄组),就不可能排除另一种可能的解释:该年龄差异可能不是由特定年龄,而且是特定的世代造成。彻底的解决方案需要其他数据,最好是利用纵贯数据来重复验证该结论。

使用全国青年调查的数据,即1976年11岁至17岁和1986年21岁至27岁的纵贯追踪样本调查,梅纳德等人发现,在青春期结婚的人,滥用药物和精神健康问题呈正相关(Menard et al., 1989),但青年时(21岁至27岁)结婚的人,滥用药物和精神健康问题则呈负相关。青少年时期,在校读书与非法行为、滥用药物和心理健康呈负相关。沃福德分析同一样本,发现就业率与青少年严重罪行的犯罪率的相关性较高,但与青年期(在这一研究中指18—24岁)严重罪行的犯罪率相关性较低(Wofford, 1989)。实际上,这些结果需要解释。从生命历程的角度看,可能特定年龄具有特定的行为规范(学校、婚姻、工作),违反这些准则可能增加参与非法或问题行为的风险。在研究方法上,这些结果表示,变量间的关系随生命历程而改变,也适合去测试这种变化是否存在。从截面数据来看,这种差异可能由于年龄或世代间差异;从多世代的纵贯数据来看,这些差异在某种程度上可能是年龄上的增长,而不是时期或世代差异。

第 2 节｜因果关系[2]

有三个准则可用于检验各对变量之间是否存在因果关系(Asher, 1983; Babbie, 2001:75—76; Baltes & Nesselroade, 1979: 35; Blalock, 1964):(1)问题中的现象或变量必须共变,例如,实验组和控制组之间的差异或两个变量之间的非零相关;(2)关系一定不能归因于任何其他的一个或一组变量,也就是说,它绝不是虚假的,即使控制某些变量,关系仍存在。例如,实验设计中准确的随机分配(实验组与控制组干预前没有差异),或当其他变量保持不变时,两个变量之间的偏相关性不为 0;(3)在时间上,因必须先于果或与果同时出现,即因的变化不会比果更晚出现。[3]第一个和第二个准则可以用纯粹的截面或时间序列截面数据证明。第三个准则通常要纵贯数据才能充分地检验。但有一个例外,如果是变量的生物或遗传特征(性别、种族)所产生的影响,我们就能不使用纵贯数据而安全地假定这类变量的时间序列,因为实际上,当固定的特点被认为是某一变量特质(政治态度、非法行为)的原因时,我们至少具有部分时间序列数据,我们知道固定的特点必须先出现。换言之,在某特定时期测量固定的生物或基因特征,但这结果从出生开始就是永存的。

如果出现非递归因果关系,情况就变得更加复杂。有些理论认为,因果影响不单从 X 到 Y,也可以从 Y 到 X。例如,马尔萨斯(Malthus)假定:(1)增加人均粮食供应会提高生育率;(2)提高生育率减少了人均粮食供应(Appleman, 1976)。如果事先没有一致的方案去消除因果关系的方向,只有截面数据就不能解决二元因果关系的顺序或方向的问题(Blalock, 1962; Heise, 1975; Simon, 1954)。当遇到非递归的因果模型时,会出现一个负反馈的回路,如马尔萨斯理论所建议的,只有截面数据难以充分地模拟实际过程,就算使用二阶段最小二乘法(Berry, 1984)、结构方程模型(Bollen, 1989; Hayduk, 1987; Kaplan, 2000)或其他比较复杂的数据分析方法也不行。纵贯数据(重复截面数据并不足够)比较容易解决因果次序的问题,可以测验因果影响的两个方向(虽然逻辑上不能完全得到保障,但用纵贯数据来估计相互影响可能会更可靠,例如,测量时期可能无法精确地区分某一变量与另一变量出现变化的时间,从而解决这个难以辨认因果次序的问题)。马尔萨斯理论的例子中的负反馈回路可能需要相当长的时间序列数据才能充分地检验这一理论。

阶段性时间序列分析与定性变量的因果次序

在某些情况下,可能可以分辨两个变量的"启动"并确定两者的真正时间顺序。这样,就不必去推断第一个变量的改变导致第二个变量的改变(必须仍符合共变和非假的假设),但这种测试证明,第二个变量的变化不会引起第一个变量的变化。当变量被编码以表示假定起因变量或假定因变量(效果)是否已变了之后,阶段性分析就可用于确定这些变化的时间次序。这些变化可用简单的二分法来衡量(有,即变化已经发生;没有,即变化没有发生)。另一个重要的变化种类就是首次出现某一种行为的状况或种类。这指个案第一次进入某特定状况,或相应的,个人第一次出现某行为的特征。其他可能的变化包括行为的升级(进入序级中一个更高境界)或降级/减轻(进入较低的情况)以及停止(永久或暂时没有出现某种行为)。

犯罪学家提出三个假设:(1)滥用药物导致其他非法行为;(2)其他非法行为导致滥用药物;(3)滥用药物和犯罪的原因是相同(例如,薄弱的传统道德观念、结交违法或犯罪朋友)。赫伊津哈等人的研究把每个受访者在每个时期有没有非法行为进行编码——“从来没有”或“曾经有”(即使当时已经没有)(Huizinga et al. , 1989)。如果其他行为还没出现,出现过的行为算是先于其他行为。赫伊津哈等人发现,开始滥用药物(包括喝酒)通常跟随其他非法行为出现(该证据反驳了滥用药物会导致其他罪行的假设)。对于这些能确定时间序列的受访者(不包括在这研究之前或同一年出现两种行为的人),所有受访者中曾经有非法行为(不包括酒精、大麻、硬毒品)和饮酒这两种行为的人,都是先有非法行为;所有曾经涉及非法行为和吸食大麻这两种行为的人也先有非法行为;所有曾经涉及非法行为和使用硬毒品这两种行为的人,也都先有非法行为。如果原因必须早于后果出现,那么非法行为就是饮酒和吸毒的起因。最可信的结论是,非法行为导致饮酒和滥用药物,或非法行为和滥用药物都有共同的起因(即关系是虚假的),非法行为往往先于饮酒或滥用药物发生,可视为起因。埃利奥特及其同事的研究结果显示,后者的解释(虚假的关系)更有可能(Elliott et al., 1985; Elliott et al., 1989)。在一项相关研究中,梅纳德和埃利奥特测试了两种理论,一个是结交违法朋友会导致犯罪行为,另一个是犯罪行为导致结交违法朋友(Menard & Elliott, 1990a)。他们发现,开始结交违法朋友通常先于犯罪行为,这说明第一种理论(学习理论)成立,第二种理论(控制论)不成立。再者,虽然时间序列并不能充分地表示因果关系,但是它确实提供了证据以支持一个可信的因果关系。

用阶段性分析来检验时间或因果顺序并不总是可行。在某些情况下,调查过程或关系需要一段很长的时间,也不可能收集到刚开始的数据。这就是左侧删失的问题,即无法检测到刚出现的变化,因为它在收集第一期数据时已经发生了。此外,用来分析的变量可能具有无意义的开始或中止。例如,在跨国家模型中,例如,没有一个国家的经济生产或是死亡率、生育率曾经是"零",这种每个国家都有的持久特征,不能够通过提问谁先出现而去建立因果或时间的顺序。两个变量的变化是从一个时期到下一个时期,阶段模型不能分清哪个是因,哪个是果。

测量的时间序列、因果次序和线性追踪样本分析

无论哪一个变量先于另一个变量变化,如果"开始"是没有意义的,那么单用变化前后发生的时间是不能决定这两个变量的时间序列或因果关系的。在第 3 章中将会更详细地解释,尤其当这些分析混合了点和区间的变量时。点测量是

指某一时间点的测量(例如,面试的日期)。态度测量是典型的点测验。区间测量涉及事件的计算或频率,是对一段时间的测量(例如,面试的前一年)。许多行为,特别是频率(多少次)和时间跨度(多久)的测量,都是区间测量(不能与区间尺度混淆,这是尺度的特性;区间测量的定义是测量时间的长短或次数)。事实上,点测量需要一个很短的时间跨度(现在),区间测量需要一个很长的时间跨度(去年一整年),但是这并不意味着点测量只在测量当天有效或区间测量只在测量当年有效。例如,道德观念的测量从过去 10 个月到访问当天应该相当稳定(改变是从强到弱),而吸食大麻在过去 8 个月发生(在此之前受访者没有吸食过大麻)。虽然测量的次数可能表示吸食大麻先于观念改变,但这个例子的真正时间序列(或因果次序)是观念改变先于吸食大麻。

一种可以确定因果方向并帮助解开那些具有无意义开始或结束的变量的因果次序(此时阶段分析不适用)的方法,就是线性追踪样本分析(Finkel, 1995; Kessler & Greenberg, 1981)。在线性追踪样本分析中,我们想确定变量间的因果次序,这些变量都被视为因(内生)变量,并会在至少两个时期被测量。测量时间相隔的长度称为“测量区间”(不要与“定距尺度”或“定距测量”混淆,后者请看前文)。模型中的变量可能仅被看做独立(外部)变量而只衡量一次,同时或早于第一个波中的内生变量的衡量。不管是否还有其他预测变量,至少每个内生变量有一个数值(滞后内生变量)可以当做该变量的最新预测值。方程内含有滞后内生变量有助于控制不可测量变量的影响,同时提供相对保守的非虚假、非零因果关系的测验。

线性追踪样本模型可包括任何一个滞后或实时影响,或同时包括两个影响。如果测量一个变量对另一个变量的影响时间等于或长于测量区间,这个效果将会可能多于一个测量区间;如果时间短于测量区间,这个效果便是实时的。在线性追踪样本和阶段模型中,如果两个变量同时变化,那么测量区间可能太长,可以减短测量区间的长度,这使我们能够分开这两个转变。如果指定的滞后太短,即使强大的关系也可能变弱,因为全部自变量变化的影响尚未从因变量中反映出来。当测量间隔(或有些综合多元)并不紧密切合于自变量对因变量发挥成分影响的时间长度时,会有出现不正确的因果推论的危险,或者更可能的是,低估了自变量对因变量的影响。

一个具有两个变量、三波的追踪样本模型如图 2.1 所示。变量是 X 和 Y,下标是指测量的时间或波。

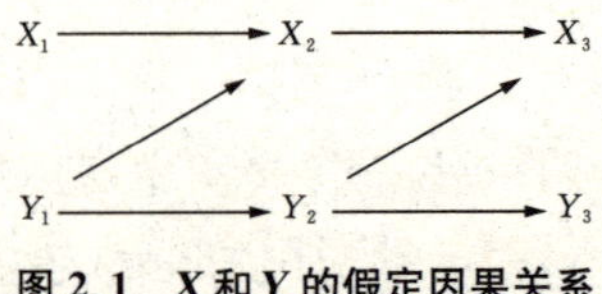

图 2.1 X 和 Y 的假定因果关系

图中的箭头表示,X 最近的数值受下一个最近值(箭头从 X_1 到 X_2,从 X_2 到 X_3),但不受之前的数值的影响(没有直接从 X_1 到 X_3 的箭头)。同样的模型适用于 Y。此外,从 Y 到 X 有滞后效应(箭头从 Y_1 到 X_2,从 Y_2 到 X_3),这表示 Y 导致 X 的变化。没有任何箭头从 X 到 Y 表示 X 不能导致 Y。同时,图 2.1 表示,没有任何实时效应(X_1 和 Y_1、X_2 和 Y_2、X_3 和 Y_3 都没有箭头)。

梅纳德和埃利奥特用线性追踪样本分析来测试犯罪行为、对犯罪的态度和结交违法朋友的相互影响(Menard & Elliott, 1994)。通过使用三波模型,并考虑到以前的行为、态度和关系模式都有可能影响后来的行为、态度和关系模式,以及研究递归(无实时相互效应)和非递归(包括同步相互效应)的模型,他们发现,行为和关系模式同时相互影响。此外,他们发现:(1)态度影响关系模式,但不像关系模式影响态度这么强;(2)态度和行为互相影响,但这种影响很弱;(3)关系模式影响行为比行为影响关系模式大。开始出现犯法行为与结交违法朋友的频率的结果反映了之前描述的情况(Menard & Elliott, 1990a),但这里我们所关心的是每年犯罪行为的次数,而不是开始时间。这个例子说明了,当阶段分析和线性追踪样本分析都可行时,结果可以互补,这也可能有助于发现复杂的互动或相互关系,但如不进行全面分析会很难发现。当有很强的理论支持一个确定的因果关系存在时,理论验证可以确认该假设时序或因果次序是否存在。当竞争理论指出不同和相反的因果次序时,时间序列分析或因果次序可提供一个更有力的检验。

格兰杰因果关系

另一种测试因果方向和强度的方法是格兰杰因果关系(Cromwell et al., 1994)。X_t 和 Y_t 两个变量都可以用平稳时间序列来表达(见第 5 章),其平均数为 0,

$$X_t = \sum_{j=1}^{m} a_j X_{t-j} + \sum_{j=1}^{m} b_j Y_{t-j} + e_t$$

$$Y_t = \sum_{j=1}^{m} c_j X_{t-j} + \sum_{j=1}^{m} d_j Y_{t-j} + f_t$$

e_t 和 f_t 是不相关的“白噪音”(误差),m 大于 0 但小于时间序列长度。根据格兰杰因果关系的准则,如果部分 b_j 不等于 0(必须是显著的),那么 Y 导致 X。相应地,如果部分 c_j 不等于 0,那么 X 导致 Y。实际上,格兰杰因果关系检验的问题是:“有没有一个变量的变化不能用过去的数值来解释,但可以用另一个变量过去的数值来解释?”如果答案是肯定的,那么第二个变量就是第一个变量的“格兰杰起因”。请注意,如果 $m = 1$,同时只有两个时期,格兰杰因果检验会简化为检验当滞后内生变量(在时间 1 测量)包含在方程内时,外生变量对内生变量(在时间 2 测量)影响系数的显著性。换句话说,Y_2 就是 Y_1 和 X_1 的函数(在时间 1 有可能不只一个 X 变量被测量)。模型不包括实时效应(例如,从 X_2 到 Y_2),在纵贯重访样本中,这相当于不包含实时效应的两波线性重访模型。

m 是任意选择的,但必须在时间序列之内。巴纳德和克劳特曼(Barnard & Krautmann, 1988)用单一的滞后内生变量(Y_{t-1})与 X,X 测量了三个时期(X_{t-1}、X_{t-2}、X_{t-3})。西姆斯(1972)使用了长度为 8 的滞后和“未来的滞后”(即允许未来的 Y 值影响现在的 Y 值)。在西姆斯的模型中,要成为 Y 的起因,X 必须能解释 Y 过去或未来值都无法解释的变异。赖特(1989)分别分析内生变量滞后 1、滞后 2、滞后 3、滞后 4 和滞后 5,不同滞后有不同的结果。例如,格兰杰因果关系可以确认滞后 3 和滞后 4,但不能确认滞后 1、滞后 2 或滞后 5。我们如何解释这样的结果?

一般来说，方程内包含内生变量越早的数值，越有可能拒绝格兰杰因果关系的假定，但当它加入内生变量的附加值超过某数量时，可能就没有显著的影响。这个数量的估计是通过模型内生变量为自回归时间序列，或加入一个附加的滞后内生变量（例如，加上 Y_{t-4}），分开计算普通最小二乘回归模型，然后检测解释方差（R^2）的变化，如果解释方差没有显著性（Agresti & Finlay, 1997），那么加入该项变量似乎毫无意义。对于解释因变量的方差和拒绝格兰杰因果关系的假定，滞后 1 已经足够。这可能是因为 X_t 和 Y_t 不是平稳的时间序列。对短时间序列可能不是很大的问题，但对于很长的时间序列（例如 100 个以上的时期），应该测试其平稳性。对于中等长度的时间序列（例如 20—40 个时期），可能无法确定是否适用于格兰杰检验。检验很有可能被误用，而且对平稳性的假设并不能被视作理所当然的。应特别注意应用自回归综合移动平均（ARIMA）时间序列方法来分析太短的时间序列，第 5 章会更详细地讨论该问题。

因果分析的其他问题

除了处理因果次序和交互影响，纵贯数据和因果模型分析还可以用来区分行为长期和短期的影响。麦科德发现，童年攻击性的行为、父母打骂、控制和感情对成年后的侵略性和反社会行为具有长期影响（McCord, 1983）。佩里学前教育（Perry Preschool Project）的一项有关学前启蒙计划的研究（Berrueta-Clement et al., 1984; Schweinhart & Weikart, 1980; Weikart et al., 1978）发现，这种启蒙教育对学生行为和学习仅存在短期效应,因为该效应似乎在随后几年就消失了,然后当学生进入青春期时,影响重新表现为长期影响。如果用历史事件分析方法(Blossfeld et al.,1989),只要有适当的数据,分析就更容易,可直接将年龄、时期效应和因果分析结合起来,以便解释发展性的和历史性的变化。这些例子属于研究变化和因果分析这类广泛的议题,但他们指出,有关变化和因果关系的问题(长期对短期的变化,对变动率的因果影响)有时比简单的问题(是否和为什么发生变化)更复杂。这类问题对多个纵贯设计可能会有重要的意义。

第3节｜纵贯数据的巧合性和意图性

最早的社会科学的纵贯数据是全国人口普查数据，最初收集的目的可能不是测量改变或建立因果关系的方向或强度。早期普查的两个目的就是征兵和税收（Thomlinson，1976）。之后，在美国，政治分摊成为普查唯一一个被宪法所规定的目的，最近几年的普查也是用来作为联邦政府向各州分配资金的依据。事实上，普查数据可以用来衡量变化，最近也用于推断因果关系的性质，这主要出于偶然性而不是有意而为的结果。许多其他纵贯数据也有同样的现象。在20世纪，特别在第二次世界大战以后，研究者便开始特意收集纵贯数据以分析变化和因果关系，一般都是社会科学研究，特别是纵贯研究。尽管如此，研究中用到的个案大多是二手数据，不是一手数据，原因是政府机构都会定期收集数据。因此，不同时期的数据收集方法或变量定义可能会改变，因此很难得到完全可比较的数据。

在人口学上，联合国试图设立计算婴儿死亡数和婴儿死亡率的标准。除了跨国家标准化的问题，采取这些标准的国家，如1960年的瑞典和1975年的西班牙（Hartford，1984）得出了与以往不连续的数据，因此，比较1970年至1980年西班牙的婴儿死亡率，便会出现不精确的问题。记录的完整性或事件的计算在不同时期可能有所不同,使得即使是对变化的粗略测量也会漏洞百出。总统执法和司法委员会察觉到,由联邦调查局统计的 1958 年之前的美国农村犯罪记录数据“不完整或不可靠”,因为这是几年后才收集的。这种问题一开始就可以利用纵贯研究来处理,但要注意的是,因为这些数据最初有其他用途,所以研究人员应认真审核,以确定数据是否适合。变化单位或事件是否都已定义和计算?个案样本是否足够?有些数据可能不太适用于纵贯研究。

第3章

纵贯数据收集设计

第1节 | 不完全纵贯设计

第1章比较了纵贯研究和截面研究,截面研究的每个变量、每个个案仅在同一时间收集一次数据,还描述了前瞻追踪样本、回顾追踪样本和重复截面设计。但有些研究不能清晰地定义为纵贯研究或截面研究。阿鲁瓦利亚使用人均国民生产总值和收入不平等数据来检验收入不平等和经济发展之间的关系(Ahluwalia, 1974、1976)。由于收入数据不平等是零星收集的,阿鲁瓦利亚的研究使用的收入不平等和人均国民生产总值的数据是在同一时间测量的,但不同国家(个案)在不同的年份收集数据(例如,有些国家在1955年测量了某两个变量,但另外一些国家却在1972年才测量这两个变量)。一个单一截面分析,其数据收集的时间横跨了18年(1955年至1972年),阿鲁瓦利亚的分析假定这18年为一个时期。同样,这种方法假定人均国民生产总值和收入不平等是稳定的(数值没有重大变化,或者至少在国家间的排名变化不大),或者至少这些变量之间的关系在这18年内基本不变。作出这样的假设前应该深思熟虑,最好有实验研究结果的支持。与稳定假设相反,梅纳德证明,收入不平等会随着时间而改变,甚至包括阿鲁瓦利亚的数据,这些国家收入不平等的排名也一直在变(Menard, 1983、1986),但人均国民生产总值保持稳定。实际上，阿鲁瓦利亚的数据代表了一系列的截面数据，即重复衡量同一变量，但案件和时期都不相同。由于时间横跨太长，我们有理由怀疑把所有案件当做同期测量的适当性。

还有些略有不同的方案，托尔纳伊和克里斯滕森故意选了不同时间测量的一些变量，以分析生育率、家庭计划与发展的因果路线（Tolnay & Christenson, 1984）。在所有国家和同一时间对每个变量进行测量，但不同的变量在不同的时间测量，这是为了让测量的时间顺序配合路径模型中的因果次序。这与阿鲁瓦利亚的研究相反。阿鲁瓦利亚的每个个案的变量都在同一时间测量，但个案却在不同的时间测量；托尔纳伊和克里斯滕森刚好相反，每个变量的个案都在同一时间测量，但变量却在不同的时间测量。虽然不同变量在不同时期测量，但是每个变量对每个个案只测量一次，数据不能用于纵贯分析（例如，衡量变量从一个时期到另一个的变化）。托尔纳伊和克里斯滕森的研究本质上是截面设计。如果他们选择了假定实时效应，就可以像纯粹截面数据那样进行分析。为了研究目的（评估家庭计划与发展对生育率的直接影响和间接影响），这种设计是合适的，而且比路径模型的因果次序和测量时序都不同的模型更好（Menard & Elliott, 1990a）。托尔纳和伊克里斯滕森的设计具有时间序列数据和截面分析，可以当做一个时间序列截面设计。虽然按原先的定义，它不是真正的纵贯设计，但对于分析因果关系，它优于纯粹的截面设计。

一旦时间序列被建立，应用时间序列截面数据是非常理想的，但难以确保研究者不会用果“预测”它的因。假设变量

X 和 Y 真正的因果关系如图 2.1 中所示:X 的前值影响 X 的后值,Y 的前值影响 Y 的后值,Y 的前值影响 X 的后值。这就是在特定有限的时间内,Y 是 X 效应的因。假设我们误认为 X 是 Y 的因,并在时间序列截面设计中包括了 X_2 是 Y_3 的因,而排除了所有其他 X(X_1 和 X_2)和 Y(Y_1 和 Y_2)。尽管因果关系是错误的,我们也可能发现 X_2 和 Y_3 之间的关系,这仅仅是因为 X_2 直接受 Y_1 的影响,而 Y_3 间接受 Y_1(通过 Y_2)的影响。换句话说,X_2 和 Y_3 之间有一种虚假的关系。如果变量随时间相对缓慢地变化(即它们相对稳定),那么当我们比较 X_2 和 Y_3、X_3 和 Y_2,或两个变量的纯粹截面组合(例如 X_2 和 Y_2)时,都会得到相似的相关性。对于一个真正的纵贯设计(例如,前瞻重访设计)和分析,可以确定 X 和 Y 之间的真正因果方向。使用截面数据,尤其是时间序列截面数据,会有错误设定的风险,因为可能错误地估计模型的因果次序。纵贯数据比较容易侦测到不正确的因果关系。

第2节 | 总人口设计

图3.1显示了四种类型纵贯设计。在图3.1中，水平方向代表数据收集的时期，垂直方向代表收集的个案（总体或样本）。在总人口设计中，所有人都会同时被调查或测量。因为每个时期都会有死亡和新生的人，所以不同时期的个案会有所不同。但如果时间很短，绝大部分的个案会相同。例如，美国10年一度的人口普查收集每10年的美国总人口的年龄、性别、种族和居住地，精准度估计为95%至99%（Armas，2001；Hogan & Robinson，2000；Robey，1989）。有些较少但又相当准确和完整的数据，如联邦调查局《统一犯罪报告》的数据，收集了各种罪案的被捕数据，对于某些罪行，美国各警区有罪犯的年龄、性别、种族与居住地（城市、郊区或农村）等信息。

无论如何收集数据，总人口设计总是可能会有缺失数据或测量误差。

因为包括总人口，该设计应该适用于测量或推断时间趋势，但要仔细检查年龄和世代效应（如早前讨论过）以清楚地确认趋势的性质。例如，被捕人数或比例的变化反映人口构成的变化（反叛青春期人数的百分比）多于反映个人或组群的行为变化（Chilton & Spielberger，1971）。总人口设计与其他设计同样有区分年龄、时期、世代的效应的问题,但没有其他特殊问题。发展性变化可以利用截面研究(特定年份、跨世代)和纵贯研究(特定世代、跨年份,如果有足够的时间去检验发展变化)来检验,由此可比较两种方法所得出的发展效应的结果。只要适当选择时期、世代或者总人口,任何类型的纵贯数据收集方法都可应用在总人口设计上,但要有足够的独立时段以配合收集的方法。例如,线性追踪样本分析通常需要 2 期或 3 期(Finkel, 1995; Kessler & Greenberg, 1981),但 ARIMA 时间序列模型需要涉及最少 50 个不同的时期(Box & Jenkins, 1970:18)。如果测试模型,可能需要 100 期至 250 期才有充足的说服力(Yaffee & McGee, 2000)。

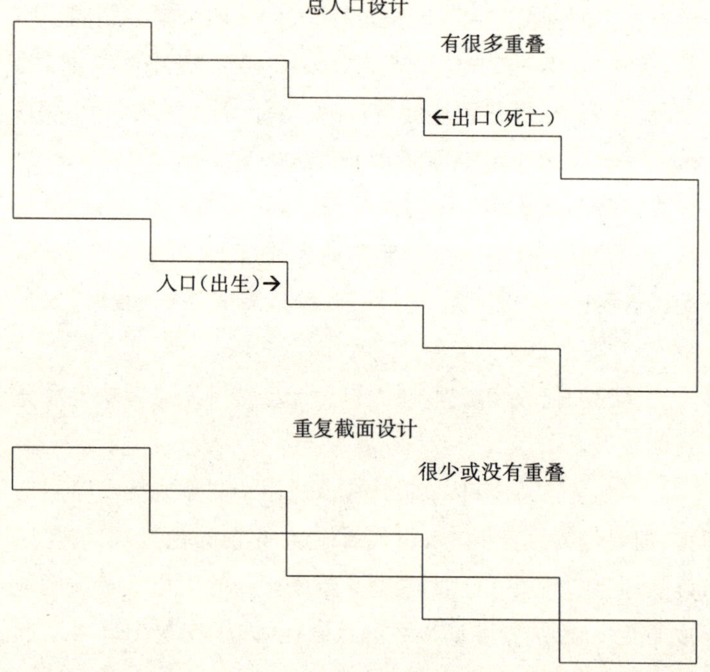

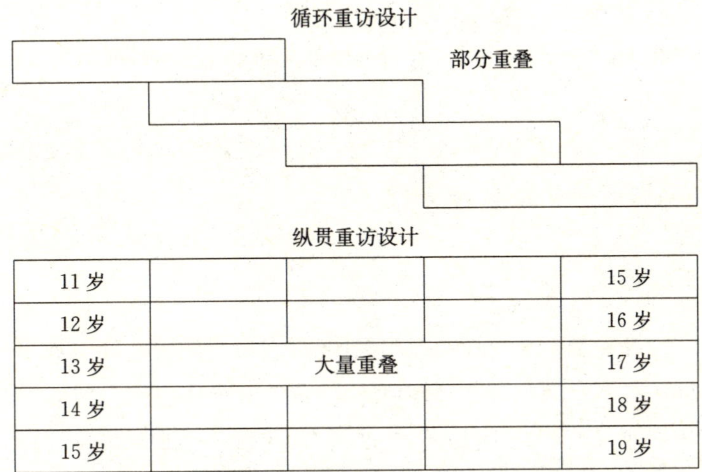

图3.1　收集数据的纵贯设计

图3.1中的另外三个纵贯设计使用从总人口中抽取的样本,因此是总人口的一个子集。这三个设计在某种程度上在不同时期都具有相同或可比较的个案。这种区别对于在不同的研究中应用不同的纵贯设计是相当重要的。

第3节 | 重复截面设计

在重复截面设计中，研究者通常在每个测量时期选取不同的样本。因此，各个时期都包含完全不同的样本，就算重叠也会非常小，小到可以忽略，但不同时期的个案可以进行比较，因为它们都来自同一个总人口设计。重复截面设计以马丁·高德(Martin Gold)和他的同事做的全国青年调查(Gold & Reimer, 1975; Williams & Gold, 1972)为例。高德和他的同事收集了两个独立的全国青年概率样本，分别是1967年和1972年的调查。从这些样本中，他们推断，虽然青少年犯罪逮捕率从1967年至1972年都有变化，但该期间的自我报告犯罪行为却没有实质变化。约翰斯顿等人的"监测未来研究"自1975年以来，每年都收集全国高中生概率抽样。这些重复截面数据，如高德和他的同事的研究数据，可以分析各特定年龄组的态度和行为随着时间的变化趋势。"世界价值观调查"(Inglehart, 1997)可用于检查态度和信念、经济发展和政治文化之间的关系以及该关系的长期变化。其他重复截面设计的例子包括民意调查、选举投票和一般社会调查，美国的全国民意研究中心每年的总人口调查的议题范围广泛，包括婚姻和家庭、性行为和性别角色、劳动力参与、教育、收入、宗教、政治、犯罪和暴力、健康和个人幸福，并强调问题能准确地被复制，以促进跨年代的比较研究(Davis & Smith, 1992)。

重复截面设计的主要限制是难以分析世代间的发展模式，并难以分析因果次序。这两种限制源于重复截面的设计方法，相同个案不会重复或在不同时期重复测量。发展模式的研究可以通过观察测量在每一个时期、不同年龄的差异(即跨世代)，重复截面设计相比纯粹截面设计的唯一好处是，重复截面设计可能得出不同时期的截面结果。这将减少但不能完全消除跨世代的发展模式无法反映世代内发展模式的可能性。对于因果次序，个案具有两次或两次以上的测量的缺失数据意味着，不可能使用阶段和线性追踪样本分析(除非有充分程序去匹配不同时期的不同个案，不过这点不太可能)。重复截面设计中的变化测量只可用于样本或子样本这种集体数据，如男性和女性、民族或社会阶层，它不能用于个人层面的样本。这样的限制使许多研究人员——尤其在发展心理学方面(例如，Baltes & Nesselroade, 1979)——认为，重复截面设计不算纵贯设计。然而巴尔特斯等人的世代效应研究却应用了重复截面设计(他们称之为"截面序列")。一般而言，重复截面设计适用于测量集体时期趋势。如果已经知道因果次序，而且因果之间的时间滞后相对于测量相隔时间要短，重复截面设计就可用来分析模型的因果，该模型的性质基本上是截面的。如果世代间和世代内的发展差异密切地影响彼此，那么使用多世代的重复截面设计来分析截面的发展模式也没有问题。对因果推论和发展分析，研究者需要应用其他纵贯设计以说明重复截面设计是否合适。最后，重复截面设计能复制不同时期的截面结果。如果我们想研究世代内的发展变化或确定因果次序，应用其他纵贯数据的收集方法会比较好。

第4节 | 循环追踪样本设计

循环追踪样本设计的数据收集方法如下:不管是回顾测量样本还是前瞻测量样本,都取一系列的测量时期,然后减少一些样本,再加入新的样本。循环追踪样本设计可以降低前瞻式研究的小组死亡率和反复测量的问题(将在第4章讨论)或回顾式研究的回忆时期的问题。在几个测量时期保留某些个案可以容许对个人或个案层面的改变的短期测量、对世代内发展变化的短期分析和对追踪小组的分析。样本的更换、加入新的但可比较的子样本能够分析总体变化的长期模式。如果因果关系的滞后时间比留下的个案时间短,那么就有可能分析时间序列和因果次序。纵贯数据包括了部分不同个案的不同时期的重复测量数据,研究者可以比较重复测量是否会产生任何数据上的偏差(例如,建立某种程度上的信任,会更愿意或不愿意回答问题,或觉得跟进问题太冗长)。

美国全国犯罪调查[4]由司法部赞助、美国统计局负责调查,就是一个很好的循环追踪样本设计例子。该调查组织定期访问住户成员家人的犯罪受害,包括强奸、抢劫、严重殴打、侵犯他人、入室盗窃、偷窃和偷车等7种罪行,并利用概率抽样选取受访家庭,3年内访问过7次(每6个月一次)的家庭会被新抽选的住户所取代。家庭作为单位分析,这能够分析短期家庭内受害率的趋势、整体或平均受害率的短期和长期趋势，但是不能分析家庭内的长期发展趋势。

堪萨斯市警方巡逻实验（Kelling et al.，1974）也使用循环追踪样本设计来收集受害者的数据。前测访问包括了1200户家庭，后测只保留一半，另一半被新样本取代了。因此，可比较那些被访问了两次（前测和后测）与一次（仅后测）的人，同时可以排除重复访问可能带来的偏差（控制组和实验组没有差别）。

循环追踪样本设计适用于研究个人在特定年龄范围时的情况，如青少年或65岁以上的老年人，这样可以防止过了青春期或死亡所带来的严重的样本流失问题。某年龄范围的循环样本可以让研究人员保持足够的个案数目（参阅Kraemer & Thiemann，1987），以进行更复杂的分析或子样本分析。

第5节 纵贯追踪样本设计

在纵贯追踪样本设计中,研究者每段时期都访问同样的个案。在实践中,每期可能会有点变化,会产生遗漏数据。例如,当个案以个人为主时,研究期间有些人可能会死亡,有些可能不想再参加,有些移居到别处,有些个案的研究者无法找到。这些都是流失样本的主要原因,特别是需要在多个时期进行测量或数据收集的前瞻式追踪样本设计。样本的流失对回顾式追踪样本设计而言不是问题,研究者可能每个时期收集一次数据,然后收集两个或两个以上的时期(在数据收集期间或之前)。在回顾式追踪样本设计中,可能有样本偏差,因为它排除了最后数据收集期间已死亡的受访者,或者有前期但没有后期数据的人。回顾式和与前瞻式追踪样本设计都会有遗漏数据,因为受访者可能记不清过去的事件、行为或态度,或不愿透露某些资料,还有研究者无法找到受访者或受访者不愿合作的可能性。原则上,这两种设计的数据质量应该没有分别,但实际上是有的。

纵贯追踪样本设计包括多个世代(如图 3.1),如果具有足够的时期和世代数目,就能进行任何类型的纵贯分析。单一世代追踪样本设计不能比较不同的世代,但多世代设计就可以分析年龄、时期和世代效应,描述发展和历史变化,分析事件的时序，并可进行线性追踪样本分析和因果分析。以全国青年调查为例，埃利奥特和他的同事利用概率抽样在全国选取了1976年11岁至17岁(7个世代)的青少年，同时对这些人进行定期访问，最近一次是在1993年(Elliott et al.，1985；Elliott et al.，1989)。全国青年调查的数据用以分析以下问题：(1)估计和分析非法行为的时期趋势(Menard，1987b)；(2)分开滥用药物(Elliott et al.，1989；Menard & Huizinga，1989)和非法行为(Elliott et al.，1989；Menard & Elliott，1990)中的年龄、时期及世代效应；(3)测试和复制青少年与青年的非法行为理论(Elliott et al.，1985；Elliott et al.，1989；Roitberg & Menard，1995)；(4)显示非法行为和其预测变量关系的发展变化(Menard et al.，1989；Wofford，1989)；(5)检测青春期到成年非法行为的持续性(Menard & Mihalic，2001)；(6)确定变量的时间次序，以解决不同竞争理论之间的矛盾(Menard & Elliott，1990a)。这些例子说明，多世代前瞻式追踪样本数据具有广泛的应用性。

第6节 | 其他变化

图 3.1 并非纵贯研究唯一的可能设计。例如,在循环样本中,有可能某些样本在某一个时期没有,但下一个时期又被重新纳入。另外,也有可能当个案到了某些标准(例如 21 岁)就不能再包括了,但也没有再加入新样本,这样,样本数量会逐渐减少,之后几年的数据分析可能会有问题(除非修正设计,加入年轻的世代)。一般与数据收集设计相关的考虑都不会变,但是,修正图 3.1 的设计必须评估这些基本设计的变异,包括是否足以描述短期和长期的历史趋势(时期效应)?是否足以描述世代间或世代内的发展变化(年龄影响)?是否能分离年龄、时期和世代效应?是否能确定因果影响的强度与方向(例如利用阶段分析或线性追踪样本分析)?只要有足够的世代和测量时期,总人口设计和纵贯追踪样本设计几乎可用于任何类型的纵贯分析。应用其他的设计有一定的限制,研究者必须根据特定的研究问题来判断其适用性。

由于每个设计需要的个案和时期的数量可能不一样,因此分析方法可能也不一样。如果个案和时期数量很大(例如几千个个案和一百多个时期),分析方法就要根据数据的质量而定。如果个案和时期数量很少(例如 1 个至 10 个个案和2个至10个时期)，那么任何数量分析都可能有问题。[5]另外，如果个案数目颇大(例如，个人层面有1000个个案，或集体层面有50例)，但时期数量很小，那么就可以应用线性追踪样本分析(Finkel, 1995; Kessler & Greenberg, 1981)。另外，个案的数量小及时期大的情况更适合用时间序列分析(Wei, 1990; Yaffee & McGee, 2000)。原则上来说，个案数目与设计类型无关。在总人口设计上，例如在个人层面，部落社会的总人口可能少于100人。综合分析的单位可能是世代或总人口而不是个别成员。全国犯罪调查的最后时期包括了6万个家庭，共有10万人。纵贯研究很广泛，包括了数据收集设计和个案数目的所有可能组合。第5章会讨论个案和时期数量不同的组合和分析方法。

第4章

纵贯研究中的问题

纵贯研究并没有独特的收集数据方法。纵贯研究像截面研究一样,基于三个最基本的收集方法:提问、观察人们的行为、观察行为变化的痕迹或结果。不同的研究都需要收集数据,如单一个案、小数量样本、非常大数量的样本、社会上所有的人、社会中的概率样本或社会上特定组群的研究。数据需要保存和编码,不管是个人层面还是家庭、人口、国家等集体层面。数据收集的时期或短(几个小时)或长(几年),并需要制定标准的程序。纵贯或截面研究可能涉及个案分析、人种学、实验、样本调查、人口普查、档案数据,但纵贯与截面研究最主要的区别是收集数据,如前文所述,纵贯研究中的每个变量至少有两段时期的测量资料。

纵贯研究与截面研究同样要面对数据质量的问题。内在或外在测量效度、量表的可信度、抽选样本、提出适当的问题、实验设计的随机程序、受访者与实验者、访谈或观察人员的互动效应(小型社会数据收集)、研究相关的问题(我们是否测量到重点或只是一些容易测到的东西)和研究经费,这些无论在纵贯或截面研究中都是相当重要的。有些问题在纵贯研究中比在截面研究中更严重。例如,重复截面设计会增加样本偏差,而在前瞻式追踪调查中研究者和研究对象的重复接触可能会增加研究者对被研究者的影响。相关讨论请看巴比、别克曼和罗格的著作(Babbie, 2001; Bickman & Rog, 1998)。这里,我们只集中讨论纵贯研究的问题,而非截面研究。

第1节 | 起源与预测

沙首(Zazzo)认为,应将研究分为行为的起源研究和对行为的预测研究两种(引自 Wall & Williams, 1970)。在沙首看来,预测是考虑人口特征在一段时间内的稳定性和外在因素(环境变化、治疗干预)如何影响这些特征,相反,起源主要集中在质性变化的阶段和顺序,目的是发现成长或发展变化的规律。沙首认为,行为起源的研究方法更质性化:摒弃大样本、预定假设和变量;更趋向于小样本的深入研究;一开始没有预定假设哪个变量重要;摒弃年龄(时间序列)和会随着时间而变的连续测量。

不可否认,很多纵贯研究的重点在于预测而非起源(如沙首定义),但无论在宏观或微观社会层面上,我们还是意识到起源的研究是不能忽略的。在宏观社会层面,罗斯涛提出一个经济发展阶段理论(Rostow, 1960),布莱克(Black, 1996)尝试定义政治发展阶段或政治现代化以及人口转换理论(Caldwell, 1976; Davis, 1963; Notestein, 1945; Thompson, 1929),虽然受到一些批评,但是该理论证明了人口学研究的时期理论和方法(Menard, 1987a; Tolnay & Christenson, 1984)。在微观层面,肯德尔和她的同事(Kandel, 1975; Kandel & Faut, 1975; Kandel & Logan, 1984; Yamaguchi &

Kandel，1984a、1984b)检试了滥用药物阶段顺序，结果发现从饮酒到吸食大麻到服用其他违法药品的过程中，很少有人一开始就使用最严重的药品。肯德尔的研究还显示了行为起源的研究不能完全与预测研究分开。她和她的同事不仅描述了药物滥用的过程，而且还解释了在怎样的情况下，人们会放弃一种药品而服用另一种。为了对行为发展模式有更完整的了解，我们可能需要研究行为发展次序和阶段转变的时间以及它们之间的相关性。

第 2 节｜测量随着时间而变化

1930 年，雷德菲尔德发表了一份关于墨西哥村庄迪坡斯特兰(Tepoztlan)的人种研究(Redfield, 1930)，其中他称那是一个和谐的村庄，人民善良又满足。21 年后，刘易斯也发表了一份同一个村庄的人种研究，与雷德菲尔德相反，他发现了该村和与其他村庄之间有相当严重的暴力冲突(Lewis, 1951)。米德(Mead)在 1928 年发表了她对萨摩亚(Samoa)人种的研究。55 年后，弗里曼质疑米德的研究，并提出与她相反的结论(Freeman, 1983)。因为时间的差异，所以没法判断结果上的不同是否反映了真实的变化，或只是观察者不同的偏见或取向而已。

这个问题也可能出现在调查研究中。马丁表示，重复截面设计无法复制美国机构的受害调查和信心调查。关于美国机构的信心调查，哈里斯(Harris)与全国民意研究中心做了几乎同样的截面研究，得出的结论和发展趋势都不一样。至于受害调查，城市学院(Urban Institute)根据统计局的全国犯罪调查所制定的标准，在全国犯罪调查的一年后，复制了同样的调查，结果得出的受害率比全国犯罪调查少一半，甚至比当年的电话调查还低。

第二个例子说明了潜在的测量问题，同样来自全国犯罪调查的例子说明了潜在的测量问题。1992 年,全国犯罪调查改变测量受害率的方法,也改名为“美国全国犯罪被害调查”(NCVS)。这次改变得出更高的估计犯罪受害率。我们分别将全国犯罪调查和全国犯罪被害调查的前一半或后一半的结果进行截面比较。1992 年后的数据需要做些调整以检验更长期的受害率趋势,但无法比较这两个系列的多年趋势。重新设计后,暴力受害在 1994 年达至高峰,之后急剧下降,但是财产犯罪持续下降,这早于重新设计之前就出现了(Rennison, 2000)。鉴于不一致的暴力和财产受害趋势,似乎不能相信暴力受害趋势的变化是由于测量设计的改变,但我们只看暴力受害,则有理由相信受害率自 1992 年后有所改变是由于测量设计不同,而非行为上的改变。

高德的违法行为重复截面研究(Gold & Reimer, 1975; Williams & Gold, 1972)成功地将第一波的抽样程序和重要的结果复制到第二波研究上。高德和他的同事的调查的其中一个优点是,主要研究人员是一致的。如果对研究程序和相关领域没有深入的了解,将难以或根本不可能复制前一波的数据收集,以完成重复截面或前瞻(总人口、循环追踪样本、纵贯追踪样本)纵贯研究。制定数据收集标准的问题就是,不同收集方法的标准会有不同,还需要问卷的配合,每轮都使用相同的调查问卷,但不同的研究人员也会产生变异,这也是一个问题。这个主要是访问员训练的问题。质性研究中收集数据量表的可能就是该观察员,不同的观察员有不同的偏差、观察和重点,导致不同的结论。有些研究人员认为,参与观察研究的结果是难以复制的(Blalock & Blalok, 1982:97)。

缺乏标准化的数据收集可能会出现合理性的问题。如果纵贯调查青少年受访者,直到他们30岁左右,早期的调查重点可能在于学校,而后来可能是工作或职业。受访者会从原生家庭(父母和兄弟姐妹)过渡到再生家庭(配偶和子女)。从理论上来说,工作或学校的态度和家庭压力是预测某些行为(如滥用药品)的重要因素,因此受访者的行为改变可能有其相对应的生活变化。这里有两个重点问题:第一,变量的测量在某个人生阶段是否等同于后阶段中相近概念的另一个变量呢?例如,原生家庭的压力和再生家庭的压力。第二,过渡是突然的还是渐变的?受访者是否同时经历两件重要的事件(例如,工作同时又读书),或是完全离开一个然后再进行另一个呢?如果同时测量这两个内容,那么就有可能直接估计两者的关系,并了解它们与另一个变量的关系是否相似。如果变量是高度相关的,而且如果它们与另一个变量的关系模式一样,那就有同时效度(Bohrnstedt, 1983; Zeller & Carmines, 1980)。

量度转变的另外一些原因是,研究本身或与科学社会相关的领域出现了新的假设,或者研究人员转变了他们的研究兴趣(Wall & Williams, 1970)。加入新的假设可能是转变的原因之一,不过可以明显看到其中的危险。如果其他研究明确地排除或反驳该研究所依赖的假设,那么继续研究就没有意义。完全驳斥一个理论或假设在社会科学中是很罕见的,但即使这样,数据仍可能复制出驳斥旧假设的结果。另外,在纵贯研究过程中改变假设、变量、测量,可能令研究前后两个部分的结果和原来所设想的东西无法比较,这可能破坏前后数据的实用性。另外,研究可能会受过渡性理论的影响。

第 3 节 | 追踪样本人数流失

在纽科姆和本特勒的青少年吸毒纵贯研究中(Newcomb & Bentler, 1988),8 年间流失了 55%的受访者。在默里和埃里克森的吸食大麻报告中,也有 50%的流失率(Murry & Erickson, 1987)。其他研究却表现良好。克拉里奇等人访问了威斯康星高中学校高年级的学生(17 岁),第一次访问后只有 11%的流失率(Clarridge, 1977)。登普斯特-麦克莱恩和摩恩在 1956 年访问了美国康奈尔大学的 427 位母亲并收集了 30 年后(1986 年)的访问数据(Dempster-McClain & Moen, 1998)。在这 427 位受访者中,4%(17 人)找不到,19%(82 人)已经过世,3%(13 人)拒绝参与跟进,73%完成再次访问。其他前瞻式纵贯追踪样本,如收入动态追踪调查(PSID)和收入与活动参与调查报告保留率(对于第一次访问人数)大约是 65%至 80%(Brown et al. , 1996; Hill, 1999; Kalton et al. , 1989)。全国青年调查(NYS)(Elliott et al. , 1989)指出,5 年的纵贯研究的流失率低于 10%(每年访问),超过 17 年约 20%(访问相隔 1 年至 3 年)。但是结合最初的流失率,即使对于保留率相当高的调查,如 NYS 或 PSID,转化为整段时间的总损失率(至少遗漏一次的数据收集受访者的百分比)是 40%至 50%或总保留率 50%至 60%。

此后调查所失去的受访者可能混淆对变化的测量,因为他们可能与那些保留下来的受访者有系统上的分别(可能变量一开始就有不同的平均值,或者跟其他样本的改变方式不同)。如果不成比例流失,研究变量的极端值就会造成特别严重的误差,例如,最常见吸食非法毒品的人或非法行为研究中最严重的罪犯。因此,它不仅反映严重程度的流失,而且流失模式影响重要的变量,这是很大的问题,尤其是关于偏差或非法行为的研究。例如,沃尔顿等人发现,他们难以再次联络到治疗组滥用药物的受访者。科尔德雷和波尔克发现,即使有相对高的流失率,保留下来的受访者还是能够提供相对准确的二元和多元关系的估计,但对普及率和行为频率的估计就有偏差,特别是对一般的人口样本。索恩伯里等人发现,如果不包括独特的受访者,普及率、犯罪频率和毒品使用的估计可能会有偏差(Thornberry et al., 1993),但与科尔德雷和波尔克发现不一致的是,多元关系也会受到影响。

如果研究者不能与研究对象保持联系,流失率将不可避免地提高,伯吉斯、克拉里奇等人及登普斯特-麦克莱恩和摩恩详细地讨论了纵贯受访者的技术,包括在第一次和随后的访问中取得受访者父母、其他亲属、朋友或其他常联络的人的姓名和地址。如果受访者搬家,请要求邮局提供一个转发地址。电话簿、信贷机构、探访或登普斯特-麦克莱恩和摩恩所指出的越来越多的网上资源也都可以利用(Burges, 1989; Claridge et al., 1977; Dempster-McClain & Moen, 1998)。为了减少流失率,不管用什么方法,都要努力保留纵贯受访者数。

克拉里奇等人在17年里追踪了威斯康星高中超过1万名学生,保留了97.4%的受访者,成功访问了88.6%的学生

(Clarridge et al.，1977)。克拉里奇等人使用各种方法，从受访者的父母、大学、高中、邮局、兵役、邻居和朋友，才获得如此高的回应率。伯吉斯总结，能够联络或追踪80%至90%的受访者是合理的，即使调查跨越时间很长(Burges，1989)。

在某种程度上，受访者的流失会影响变量的分布和实际的结论。二元测试(Bulmer，1979)可用于测试不同的人口种类(男或女、白人或非白人等)的人数比例是否随时间有显著的改变。其他显著性的分析可以检验第一轮数据收集后保留下来的受访者与流失的受访者在以下各方面是否有所不同：(1)对某些变量的数值；(2)变量关系(相关性)的强度；(3)3个或以上变量关系的结构(如多元回归方程或共变结构)。这些测试会揭开不同轮次的数据收集的样本变异。当然，它还是有可能无法检测到显著样本变异影响实际分析结果的某些因素。例如，具有不同的行为轨迹(如增加或减少滥用药物)的人保留下来或流失的可能性可能会有所不同，而这一点用以上方法也可能没法侦查。因此，实质结果会有严重偏差，如行为的估计和发展趋势的解释，这很难观察到。

回顾追踪样本研究的流失率问题又是另一回事，不是显著性测试的评估，而是与离开第一轮数据收集的受访者相关，即选择问题。特别是在长期研究中，回顾追踪样本研究可能会遗漏某些人，如死亡或在抽样或调查期间离开该地区的人。这些人可能与其余人口有系统化的分别。例如，滥用非法药物的人比其他人有更高的死亡率。如果这样，那么研究期间滥用非法药物的人的抽样会被低估，而且研究会错误地估计滥用药物比率的变化。实际上这就是流失问题，但这在选样前已经发生了，所以它比前瞻追踪样本研究更难察觉和测量。

第4节 | 处理纵贯研究的遗漏数据[6]

在纵贯数据中,数据缺失可能出现于:多项量表中的某一项,或整个量表,或某个个案的某波段的数据(但不能是全部数据),或某个个案的所有数据,例如第一次就没有应答的个案。不管哪种形式的缺失数据,都可能导致预测或因果模式或描述统计(如平均值、方差或趋势)估计上的偏差。如果多项量表具有大多数题目的数据,相对来说,它能较简单又准确地去填补该缺失数据,这可能比删除该缺失数据的个案更好。当整个量表的数据都遗漏了,有几个方法可以补救,虽然都不是很满意的做法,但至少比删除整个量表好。对第一次或某波段的缺失数据,如果该变量具有清楚的缺失模式(如种族或社会经济地位),通常的做法是加权该个案,这样可以减少潜在的误差,但这取决于该缺失个案与其他现存变量的共同特征(如种族或社会经济地位)和关系。

另外,可以通过模拟来调整回归或相似模型的系数,特别是那些不回应者与其他应答者有明显的分别。加权和模拟非应答的方法都有些不好的地方(Allison, 2002; Brehm, 1993)。一般来说,如果应答率低的话,加权会比模拟好,相反,如果应答率高(如超过30%),则模拟比加权好,但对后者来说,两个方法都不令人满意。对波段缺失,可以用内推法

(利用前后的数据来估计遗漏波段的数据)来填补一些方法。对那些变化比较少或有明确形式的变量来说,内推法或外推法在某些程度上都比较合理,但对经常变化的变量,如态度,就不适用了。

简单来说,没有任何一种处理缺失数据的方法是最好的。所有方法在缺失数据的形式或与现存数据的相似度上都有不可证明的假设。在某些情况下,比较简单的方法(例如,用量表中其他题目的平均值代替单项的缺失数据,或加权该个案以补偿流失者的观察或测量等特点,如种族或社会经济地位)都相当有效。在其他情况下,一定要选择简易而且更好地避免偏差的方法,例如,通过选择相对简单(而且广泛使用)的成列删除或更复杂的技术,如多重插补或回归插补来填补整个量表或某波段的个案。具体而言,研究人员可能会有3种选择:(1)成为熟练的统计学家,使用最大似然法或多重插补方法加选择模式;(2)聘请熟练的统计学家和使用最大似然法或多重插补方法加选择模式;(3)使用成列删除。其实,选择(1)及选择(2)也可能使用成列删除和加权个案的方法。对于缺失个案,加权个案得到的结果往往能媲美很复杂的模型方法(Taris, 2000:35—36)。对于缺失题目,虽然一些方法(如多重插补法)平均来说比成列删除好一些,但对于某特定数据集而言就不恰当。格雷厄姆和霍费尔建议,如果缺失个案少于5%,成列删除应可接受(Graham & Hofer, 2000)。艾利森也认为,相对于其他方法,包括最大似然法和多重插补(两者都基于数据缺失的随机性),特别是最小平方回归分析和logistic回归,成列删除比较不会违反数据缺失的随机性假设。但是,一般来说,最大似然法对估算刻度量表或非刻度量表的缺失数据比简单方法(如成列删除)好,至少当这些数据是随机缺失的且缺失比例很大的时候是这样的。

第 5 节 | 反复测量和追踪样本的条件习惯效应

追踪样本的条件习惯效应(例如,Kalton et al.,1989)对同群受访者的连续研究是一个问题,特别是对微观社会的纵贯追踪样本设计,以及涉及前测的实验和准实验设计。反复测试的效应可能会损坏实验和准实验的内部效度,但使用控制组能让研究人员测量这个效应,同时如果效应存在,就可以判断是否有治疗效果和反复测验所带来的改变。全国犯罪调查研究的效度受到追踪样本访问的影响(Cantor,1989)。梅斯奇和肯德尔发现,滥用药物研究也有相似的问题(Mensch & Kandel,1998)。

受访者比较愿意回答自己知道答案的问题(例如跟进问题)是对同一个案的持续研究的有效性的威胁之一。不愿意参与研究的人可能导致跟进研究的流失率。另一种可能性是,受访者参与调查后,情况可能会改变。1984 年,全国青年调查进行的抑郁研究中,受访者若报告感到沮丧和有抑郁症状(根据临床上的抑郁量表),可要求匿名转介到专业精神健康部门。这个简单的选择改变了小部分受访者对该选项的态度或行为。柯林斯等人(Collins et al.,1989)在一项照顾家中老人的研究中发现,此改变对至少 52%的研究参与者有一项影响,最常见的是他们(护理人员)如何应付在家照顾老人的限制(Collins et al.,1989)。鲁宾和米切尔报告,在对夫妻关系发展的纵贯研究中,夫妻也受到研究本身的影响(Rubin & Mitchell, 1978)。共同的模式就是,受访者似乎对他们的态度、情感和行为更明白和内省。我们很难判断这样是否会令他们的态度、情绪或行为有重大改变,而且我们不清楚产生这些效应是否由于单一截面研究或在纵贯研究中与研究人员的反复接触。

不仅持续的调查研究才有这个问题,任何微观的社会研究,包括观察研究,如果其中的研究者与研究对象之间存在联系或研究对象知道他们正在被观察,都会有这种误差的风险。宏观社会研究是基于数据是如何收集或累积的,这个问题可能较少。美国的犯罪人口普查及生命统计数据的时间长度似乎没有对数据的效度产生负面的影响。即使有,也是正面的影响。普查范围随着时间推移越来越全面(Robey, 1989)。1990年的人口普查受到广泛的批评,因为它缺失了约总人口的1.6%,其中遗漏了更多某人口群组的数据(7%的18岁以下的非裔美国人)。最初报告指出,2000年人口普查也少了1%,同样遗漏了非裔美国人(Armas, 2001; Hogan & Robinson, 2000)。美国联邦调查局统一犯罪报告的警区覆盖率同样随着时间而增加。国际人口统计数字、经济发展以及其他民族特色似乎没有随时间而变得更糟。请注意,回顾性研究可能不像其他持续研究那么容易受到反复访问问题的影响,尽管回顾性研究像前瞻性和截面研究那样,访问过程过于漫长而沉闷,可能也会出现问题。

持续研究中的追踪样本问题主要在微观社会和前瞻性

的研究中，不过可以通过调整数据的收集时段（全国青年调查间隔 1 年至 3 年，全国犯罪调查相隔 6 个月），或改变不同时期的问卷设计（不过这可能有数据兼容性的问题），或成功地鼓励研究人员和研究对象高度投入该研究，这样可以避免这种问题。

第6节 | 受访者回忆

路特等人发表了一篇很好的针对短期与长期回顾数据的评论报告(Rutter et al.,1998)。短期与长期回顾数据通常显示:(1)记忆会随着时间淡去;(2)短期和长期回忆数据在突出的事件或态度方面更清晰;(3)短期和长期回忆数据在客观事件或特征上往往比态度或其他心理数据更一致;(4)短期和长期回忆数据之间的分别表明,长期回忆数据与受访者目前的看法和态度往往会有一点偏差。对于最后一点,因为人们往往重建和重新解释他们的记忆,以反映其现时的生活情况和态度,从而建设一致的"生命故事"。这并不是说长期回忆数据不可靠或无效,不过,使用这类数据确实要谨慎,而且有可能的话,还是用前瞻研究的较短期回忆数据更好些。

当比较同一研究对象的前瞻(或者更准确的说,是短期回忆)和回顾(或长期回忆)数据时,潜在后果就出现不一致。例如,亨利等人比较了档案记录的回顾数据和受访报告的前瞻数据,内容包括身体特点(身高、体重)、居住流动性、家庭关系、与警察的交流与联系、阅读能力和心理健康(Henry et al.,1994)。他们发现,心理或态度变量(如家庭关系)的回顾数据最不符合前瞻数据,而客观特征的测量(例如,居住改变或与警察的接触)相对比较符合。虽然回顾与前瞻数据的相关性很高,但是绝对差异有时很大。

索伦森等人认为,回顾设计能提供过去违法行为的准确数字(Sorenson et al.,1989),但是这个推论是基于比较两个不同人口的截面调查的(1965 年的康特拉科斯塔县以及 1981 年和 1982 年的圣路易斯市区)。基于 1965 年的圣路易斯截面数据(1981 年至 1982 年的回顾性收集)得出的非法行为结果与 1965 年的康特拉科斯塔县的结果相似,索伦森等人的结论是,圣路易斯回顾数据是有效的。该结论的缺陷是,这可能巧合。特别是康特拉科斯塔县 1965 年的犯罪率比 1965 年圣路易斯的犯罪率低,加上圣路易斯的回顾数据漏报了过去的非法行为,那么这两个地方的犯罪率可能相同,即使有回顾式数据效度的问题。更好的方法是将这些研究对象的前瞻和回顾数据进行比较。

梅纳德和埃利奥特利用全国青年调查的数据来比较:(1)基于 1 年、2 年和 3 年的回忆,犯罪普及的趋势(样本中犯某项罪行的受访者的百分比);(2)基于 1 年回忆期的前瞻数据和变量的回顾数据,严重犯罪的普及率。图 4.1 说明了 1 年、2 年、3 年回忆期的非药物犯罪、严重(指数)非药物犯罪、吸食大麻和其他非法药物使用(使用多种药物)的比较。实线代表前瞻性的 1 年回忆(1976 年至 1983 年)(1981 年和 1982 年数据不详),虚线代表 1981 年的 3 年回顾数据的趋势和 1982 年的 2 年回顾数据(连接 1980 年和 1983 年的数据点)。

1981 年至 1983 年的前瞻数据(基于 1980 年和 1983 年)显示了一般违法的稳定或下降趋势,但违规指数和使用大麻的长期回忆数据(1981 年和 1982 年)显示了上升趋势。对于

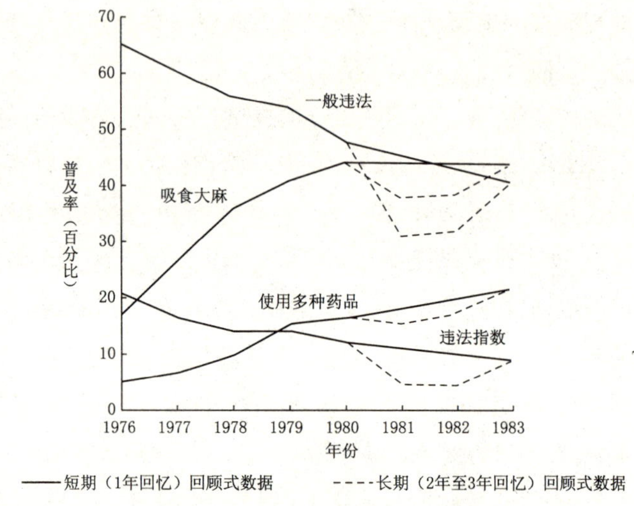

图 4.1 基于长期与短期回忆的时期趋势

使用多种药物,长期回忆数据与 1 年回忆的数据偏离不大,但对全部非法行为,有一个“北斗七星”的效果,长期回忆的趋势低于 1 年回忆的趋势。图 4.1 符合人会随着时间而慢慢忘记过去的事件和态度的情形。记忆衰退的问题相对于其他问题(一般非滥药罪行),对某些违法行为(滥用硬性毒品)而言并不太严重。梅纳德和埃利奥特提出过其他的解释,但得出的结论还是记忆会随时间而淡去是最可信的解释。

比较前瞻(1 年回忆)和回顾(10 年回忆)的数据,相同的受访者被问及是否(如果有,是什么时候)曾经犯下某些严重罪行(强奸、抢劫、严重侵犯、结伙斗殴、入室盗窃、盗窃超过 50 元、偷车、销售硬性毒品)。简单来说,前瞻自我报告包括超过 90%的回顾自我报告罪行,但回顾自我报告只捕捉到不到一半的在前瞻自我报告中提到的罪行。这些结果验证了记忆随时间而淡去的假设。梅纳德和埃利奥特检验了其他可能的原因,但是没有发现比忘了几年前发生的事情更合理的解释(Menard & Elliott, 1990a)。虽然这些结果并不排除使用回顾数据,但是总的来说,对于某些行为,长期回顾数据显然是不可靠的,可能会产生与前瞻数据相反的趋势或影响。

复制和回忆的问题可能还包括伸缩和逆伸缩现象:报告某事件在某段时期的前后再次发生。全国犯罪调查研究有伸缩现象(Lehnen & Skogan, 1981)且其受访者的第一个访问并不用于估计样本的受害率。其他研究尝试使用记忆包围技术(参考事件,如生日或假日)以减少伸缩和逆伸缩的现象。全国青年调查的数据也显示回顾与前瞻数据有伸缩和逆伸缩的现象(Menard & Elliott, 1990a)。

减少受访者在回忆事件时产生误差的方法包括:使用介绍材料、提出更详细的问题(而不是只问受访者一个是否曾经触犯法律的问题,需要提出一系列具体问题);提供清晰又容易记忆的参考时间(如假期、总统选举或重大新闻事件);试图将所问的事件与受访者生活中突出的事件相联系,例如向受访者展示日历并要求他们回答该期间内的重要生活事件(Converse & Presser, 1986; Fowler, 1998)。最后的方法就是“生活史日历”(Freedman et al., 1988),即研究人员向受访者展示一个日历(受访者要回答每个事件横跨的日期或有关的特点),并要求他们指出所要研究事件的发生日期。弗里德曼等人指出,这种做法耗费很大,而且编码会很繁琐,但较适合研究回顾事件回忆(例如,生小孩或搬家)或环境变化(例如,入学或婚姻状况)(Freedman et al., 1988)。相对于研究态度的数据,关于生命日历研究方法(LHC)的评论,塔里斯总结说:“公平地说,LHC有时能增加对一些变量的回忆,但肯定不是所有的变量。”(Taris, 2000:11)前瞻纵贯设计的数据通常比回顾设计更好、更可靠且更准确。

受访者回忆的问题主要存在于微观社会访谈研究中。使用前瞻追踪样本设计有助于减少这些问题,但不能完全消除它们。回顾设计可能存在效度的严重问题,因为随着时间的长度增加,受访者对报告的事件或行为的记忆越来越模糊(Weis, 1986)并可能漏报。基于某些目的,如认定测量态度随时间而改变,只用前瞻追踪样本设计已足够。最后,当使用重复截面设计来测量随时间而转变的问题时要特别留心。即使抽样程序或进行调查问卷只有轻微的差异,也可能会导致复制时出现严重的问题,如马丁的例子。

第 7 节｜纵贯研究的成本

沃尔和威廉姆斯认为，前瞻追踪样本研究每一轮的费用并不比相似数量的截面研究高（Wall & Williams，1970）。总共 6 轮的前瞻纵贯调查的费用可能不会超过 6 个相似人口或样本数量的截面研究。即便如此，仍必须考虑一个 6 轮前瞻研究的费用是否比 6 个独立的截面研究或是回顾追踪样本研究小组的 6 倍高。并非所有的研究都需要纵贯数据，有些研究可以用其他研究人员收集的纵贯数据进行二次分析。

对具有某些目的的研究，纵贯研究是唯一的方法。如果研究目的是衡量历史或发展的变化，纵贯设计是必不可少的，尤其是独立的年龄、时期及世代效应。如果衡量长时间的变化，那么前瞻追踪样本设计或总人口设计通常是最合适的，因为独立样本可能彼此不同，除非每一轮的抽样和数据收集的正式和非正式程序都可复制（Martin，1983）。此外，回忆问题可能会令回顾追踪样本设计的推论无效。如果衡量一段相对短的时间（周或数月）的变化，那么回顾设计可能也适用于事件或行为的研究，但不能用于态度或信念的研究。重复截面设计或循环追踪样本设计可能适用于由于反复访问而出现追踪样本条件习惯效应的问题。

如果研究目的是确定或估计因果关系的强度，那么纵贯研究就比截面研究好,尤其是当变量真正的因果关系和变化的时间序列未知的时候。理论上更糟的是,对因果关系和时间序列的猜测不足以验证真正的因果关系和时间序列。时间序列必须通过测试以确定是否存在假设的因果关系。最好的测验因果关系的方法是实验设计(Bickman & Rog, 1998; Campbell & Stanley, 1963; Rossi et al., 1999),而实验设计通常都是前瞻纵贯设计。

如果测量的变化不是重点,同时因果关系和时间序列已知,或研究不关注因果关系,那么,利用截面数据来分析可能已经足够了。但是,如果研究的问题需要纵贯数据来分析,那么当然应该投入较多资金来得到正确的答案,而不是花较少的钱来得到可能错的或难以定论的答案。在这种情况下,纵贯研究的费用是否值得的问题与使用纵贯还是截面方法无关,而只关乎研究问题是否重要。真正的选择在于,是正确地做研究,还是根本不做。

第5章

纵贯分析

第2章提过纵贯研究的两个主要目的:描述变化的模式和分析因果关系。最后一章将更广泛地介绍分析方法以达到上述目的。因此,这章的重点将从纵贯数据的收集移到纵贯数据的分析,也就是数据收集好之后,我们要如何分析。很多地方对不同纵贯数据分析的方法都有全面的描述,这章将不会详尽地展示如何使用每个方法,而是着重介绍纵贯研究会处理哪些不同类型的研究问题以及其回答研究问题的不同方法。更详细地解释纵贯分析方法的研究可在不同方法的引用文献中找到。纵贯研究的介绍请参阅塔里斯(Taris, 2000)等人的著作。

纵贯研究的第一个目的是描述变化,重要的是要区分以下几点:(1)定性和定量的变化;(2)短期(几段时期,无论每段时期的实际长度)和长期(很多时期)的变化;(3)我们所关注的改变是一个或多个变量的改变还是两个或两个以上变量关系的改变;(4)我们是否有兴趣描述、预测或解释变化。关于第四点,描述改变通常涉及时间或年龄和一些变量的二元关系。预测变化可能涉及一个基于时间的简单的趋势预测,或可能涉及更复杂的多预测变量的模型。解释变量需要附加关于变量内因果关系的假设和理论,这就带来纵贯研究的第二个目的——纵贯研究的因果分析。

在因果分析中,我们还需要区别几点:(1)定性和定量的结果;(2)短期和长期的分析;(3)我们是否对某特定结果、两个或两个以上结果的彼此关系有兴趣(请注意,这里使用"结果"而不用"变化");(4)我们感兴趣的是一个变量随时间而变化还是个案之间在某个时间点上的结果的不同。无论这个变化是个体内(例如当个案是人时)还是个案间的差异(如个体间的差异),都是因果分析所关注的。举例来说,我们更感兴趣的是国家之间总生育率不同的原因(因为它可能受到人均国民生产总值、识字水平和家庭计划公共资源的影响),还是某个或某些国家推行新的计划生育方案后的变化?同样,我们对青少年吸食大麻频率的差异(例如,他们一年内吸食的次数)更感兴趣,还是对个人吸食大麻的频率会随着年龄或者参与反毒品计划而变化更感兴趣呢?这些明显是不同的问题,对如何衡量和分析一定会有不同的影响。

在这里简要说明三个问题:实验与伪实验研究、发展研究、差异的因果分析。大多数的实验与伪实验研究更关注短期变化。首先测量最早/基准的情况,然后对某些对象加入干预措施(治疗组),某些对象不加(控制组),在估计干预措施产生某些效果后,再做第二次测量。研究关注的问题是治疗组变化的方向或强度是否与控制组不同。社会科学的实验与伪实验往往有一个很实质的重点。例如,学生在新课程中会不会比在标准课程中学到更多东西呢?失业青少年在接受求职技巧培训后,会不会比没有培训的同伴更容易找到工作呢?这些问题的重点通常是短期变化的分析。

虽然发展研究有时会被当做变化的短期模式,但是它更关注长期性的变化,特别是整个人生或人生重要时刻的改变。例如,从学前到高中毕业的定量技能的发展,或从青春期前到中年或老年非法行为的参与。研究兴趣不在于两个特定时期的变化,而是变化的长期模式:是否只增不减,即使它在某时间点已保持稳定(如我们所期望的发展定量的技能)或先升后降(这在非法行为参与上很典型)。除了模式的描述,我们也希望了解模式本身(结果和时间之间的关系)或非法行为的定量技能最终的水平(最终的能力水平)或非法行为的参与情况(例如,在 21 岁测量的结果的水平和数值)会不会因不同特点的人(例如,性别、种族、社会经济地位)而出现系统的差异呢?发展研究对个人研究特别有用,因为个人有比较明确的开始(出生、第一年上学、第一份工作)和结束(死亡、完成正规教育、退休)。另外,它也可能对宏观社会研究有用,如城市或国家,这些研究对象不一定有明确(或至少不能明确地观察到)的开始和结束,特别是研究兴趣所在的变量(生育率和死亡率、识字率和人均国民生产总值,与个人层面的例子相同)。然而,在个人和宏观社会层面中,我们有时对随时间而变化的模式不感兴趣,反而更在意特定的年龄或时间的结果水平或数值。典型的例子是布劳和邓肯的研究(Blau & Duncan, 1966),即男性在某一时间的职位是由父亲的教育和职业、自身所受的教育、第一份工作的职位构成的函数。虽然这里也关注到变化(职业地位的变化:从父亲的工作到儿子的工作,或从儿子的第一个工作到目前的工作),但是最大的重点是研究获得的地位(Grusky, 2001),为什么有些人比其他人更容易升任更高的职位?这种分析称为“差异因果分析”(暗示个人之间的差异,并非个体内随时间而发生的变化)，这与变化因果分析不同。

很重要的一点是，虽然应用/实验和发展研究要求对相同个案进行反复测量(无论是个人或总人口)，但是反复测量只是一种选择，并非差异因果分析的必然要求。原则上来说，可以(并且已经)使用时间序列截面模式，例如，前文提及的职位地位以及跨国生育率、家庭计划与发展的研究(Tolnay & Christenson, 1984)。无论是基于总人口、重复截面还是回忆追踪样本设计，纵贯数据仍然可用于差异因果分析，并优于纯粹截面(或时序截面)数据。

第 1 节 | 纵贯与截面统计模型

假设我们选择一套理论上合适的因变量和自变量。进一步假设,基于理论与过往的研究证据,我们相信变量间的因果次序,并且可以适当地转换变量,把因果模型嵌入一般线性模型(例如,潜变量结构方程、多元回归、方差分析和协方差分析、logistic 回归或判别分析)来识别模型(Heise, 1975)。现在假设我们要计算直接因果关系的强度(如果我们使用路径分析或潜变量结构方程模型,我们也可以计算间接效应),为什么该研究需要纵贯数据,而不是截面数据?

勋伯格表示,在某些条件下,将动态模型应用于截面数据能得到有效、无偏差的模型参数估计(Schoenberg, 1977)。该基本条件是"非遍历",也就是说,它依赖于该系统的初始状态。对于遍历系统,系统不依赖于该系统的初始状态,但会产生无论在哪一段时间都相同的系统,其基于截面数据计算的动态模型,可能会导致偏误和低效的参数估计。

遍历系统的例子是,外生变量的变化是随机的,其期望值在任何时间 t 和其他任何时间 $(t-k)$ 上都相同。在数学上, $E(X_t) = X_0$, X_0是 X 的初始值。在非遍历系统的例子中，自变量的变化不是随机变量，是依靠外生变量之前的数值。换言之，在自回归过程中，随机变异、外生变量产生的数值和 X 值都不是常数。在数学上，$E(X_t)=\sum\phi_k X_{t-k}$，其中 $k=1, 2, \cdots, K$，X_{t-k} 是 X 过去的数值，ϕ_k 是 X_{t-k} 的系数。截面数据是否适用于计算外生变量(X)和因变量(Y)的动态关系取决于哪个过程导致了 X 的变化，是来自随机变异还是自回归。相反，纵贯模式可用于遍历和非遍历进程。

第二个使用截面数据去估计纵贯模型参数的潜在问题在菲尔鲍的生育率和识字水平研究中就已说明了(Firebaugh, 1980)。表 5.1 和图 5.1 取自菲尔鲍的研究(1980: 340—341)，说明了截面和纵贯相关性的方向可能是相反的，然而两个结论可能都是对的。从 1961 年至 1971 年，截面数据显示，生育率最高的地区是印度的旁遮普邦，该区识字率也是最高的。但是，在每个地区内，随着识字率的提升，生育下降了。在这个例子中，截面和纵贯数据产生了非常不同的关于生育率与识字水平关系的结论。如前文提到的，梅纳德和埃利奥特以及格林伯格的关于年龄与非法行为关系的研究也有相似的发现。如菲尔鲍所言，确定这两个模式中哪个更合适或更重要是理论上的问题，而不是研究实验的问题。不过，这里要说明的是，截面数据并不经常用来模拟动态、纵贯关系。梅纳德和埃利奥特的截面和纵贯数据分析再次加强了这个论点。另外，戴维斯和毕扣斯的动态模型模拟研究也说明了截面分析未能正确地推算预设人口参数，在一定的抽样误差内，纵贯分析的估计是不错的(Davis & Pickles, 1985)。

表 5.1 生育率与识字水平的截面与纵贯相关性:印度旁遮普邦(1961—1971 年)

时间系列相关（同区域不同年份）		截面相关（同年份不同区域）	
区域	相关	年份	相关
阿姆利则	—0.9	1961	0.5
珀丁达	—0.5	1962	0.6
菲罗兹布尔	—0.9	1963	0.4
古尔达斯布尔	—0.9	1964	0.6
霍希亚布尔	—0.8	1965	0.1
朱伦杜尔	—0.7	1966	0.2
格布尔特拉	—0.4	1967	0.3
卢迪亚纳	—0.9	1968	0.6
帕蒂亚拉	—0.3	1969	0.5
罗帕尔	—0.4	1970	0.6
森格鲁尔	—0.1	1971	0.7

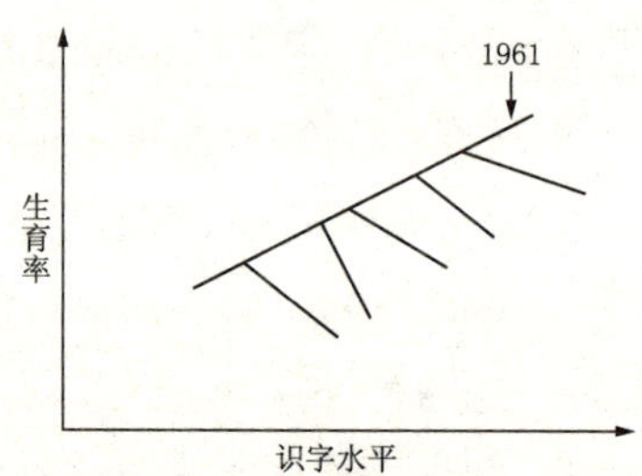

图 5.1 生育率与识字水平之间的关系图

第 2 节 | 纵贯因果模型的种类

因果模型有四个“纯粹”的类型:(A) $X \rightarrow Y$,因变量的数值可用自变量数值函数来表达;(B) $\Delta X \rightarrow Y$, ΔX 代表 X 值的变化,因变量的数值可用自变量变化的函数来表达;(C) $X \rightarrow \Delta Y$, ΔY 代表 Y 值的变化,因变量的变化可用自变量数值的函数来表达;(D) $\Delta X \rightarrow \Delta Y$,因变量的变化可用自变量变化的函数来表达。混合模型的自变量包括变量的水平和变化率(例如,人口密度和经济发展的人口增长率)。

在截面数据的因果分析中,我们通常以检验模型 D 的方式来表达假设:X 的变化产生(导致、引起)Y 的变化。但更常见的是,在截面和纵贯分析中我们检验的是模型 A。准确地说,模型 A 表示,一个变量(因变量)的水平或数值取决于一个或多个自变量的水平或数值。换言之,X 的差异导致了 Y 的差异,例如,薪金差距导致不同程度的工作满足感,或识字水平导致不同的生育率。这暗示了因变量的变化同样是自变量变化的函数,例如,薪金变化产生工作满足感的变化,但要检验的是模型真实方程中所涉及变量的数值,而不是数值的改变。

另外,一个变量的变化可能导致另一个变量的一系列变化,但这两个变量的数值在很大程度上不相关。这说明了 X

和 Y 的初始值是不相关的，但 X 的变化导致了 Y 的变化。例如，营养水平（以人均卡路里供应计算）最初与国家家庭计划推行力度（高和低营养水平的国家都会积极或不太积极地推行家庭计划）无关，但增加家庭计划的力度可能会导致人均卡路里供应的上升，因为个人有意或无意地根据他们自己国家或地区的人口容量，更有效地调节自己的生育能力。积极的家庭计划未必与高营养水平相关，但提高家庭计划的措施会与改善营养水平有关。这个过程虽然违反直觉，但仍有可能。如果存在这样一个过程，那么模型 D 是恰当，但模型 A 就不可以。另一方面，适合模型 A 的任何情况都可能适合模型 D。如果一个变量会影响另一个，那么第一个变量转变了，第二个变量必然会变（即，如果模型 A 正确，那么第二个变量的变化会取决于第一个变量的变化）。从分析方面来看，使用一阶差或无条件变化模型可能产生模型 D(Finkel, 1995; Liker et al., 1985)。

纯模型 B 的例子是，压力水平（因变量）随着收入而改变（不论初始收入水平如何，大量加薪会产生低压力，大量减薪会产生高压力）。模型 C 表明，变化率取决于某些差异，可能是稳定的差异。例如，薪金上涨可能基于某些固定的特点，如在有种族偏见的组织内的种族或在一个任人唯贤的组织中的教育程度（以最高学历或学位来衡量）。模型 C 可以是其中一种差异方程模型。例如，理查德森使用双差分方程解释国家之间的军备竞赛(Richardson, 1960)：

$$dx/dt = kY - aX + g$$

$$dY/dt = jX - bY + h$$

其中，X 和 Y 代表两个国家的军备水平，j 和 k 代表非负的“防务”系数（鉴于别国的军备水平而感到需要武器），a 和 b 代表非负的“疲劳”系数（国家经济衰退或已经装备部分武器而不愿加强军备），g 和 h 是常数，国家彼此之间的正或负的“不满”因素可解释为敌意（如果是正向）或友善（如果是负向）。方程左边的 dX/dt 和 dY/dt 代表随时间而变化的比率，右边代表 X 和 Y 水平的变化。

穆尔丁和贝雷尔森在他们的回归分析中应用模型 C 解释较不发达国家的总出生率变化（Mauldin & Berelson, 1978）。总出生率的变化为因变量，家庭计划方案和社会经济发展指标为自变量。徐和博格进行了类似的分析，不过他们用滞后内生变量的模型 A（Tsui & Bogue, 1978）。马库斯解释道，以改变值 (Y_2-Y_1) 为因变量与用滞后内生变量一样，只是假定模型中内生变量的滞后系数为 1。对于滞后内生变量模型，因变量 Y 和自变量 X 满足 $Y_2=a+bX+cY_1$ 或 $(Y_2-cY_1)=a+bX$。如果 $c=1$，则方程为标准回归模型，改变值 (Y_2-Y_1) 为因变量（Markus, 1979）。鉴于变化数量和滞后内生性变量的方法相似，穆尔丁和贝雷尔森及徐和博格得出了几乎相同的实质性结论，连因变量中被解释掉的方差都几乎相同。马库斯认为，对上述模型而言，限制系数 c 等于 1 并没有任何好处，他建议因变量最好是滞后内生变量，而不是改变值。

在所有模型中，特别是模型 A 和模型 D，测量的时间是一个问题。当 $X\rightarrow\Delta Y$ 时（模型 C），X 的测量应该早于 Y 开始变化的时期；当 $\Delta X\rightarrow Y$ 时（模型 B），测量 X 转变的时间要先于 Y 的衡量。不过，对于 $\Delta X\rightarrow\Delta Y$，以下三种方法都可行：

同时测量 X 和 Y 的变化(实时效应),测量 X 变化的结束时间早于 Y 变化的开始(滞后效应)或在前两种可能性之间,测量 X 在某时期的变化早于 Y 变化的开始,但在 Y 开始变化后就得结束(部分滞后效应)。同样,$X \rightarrow Y$ 时(模型 A),我们需要考虑 X 是否该在 Y 测量(滞后效应)前测量,或同时测量(实时效应)。

第 3 节 | 测量变化

测量或描述最基本的变化会涉及两个变量的二元关系，一个是测量时间序列或年龄，另一个是测量一些兴趣所在的结果。这个看似简单的任务有时却很困难，特别是在选择最适当变化的测量的时候。首先，需要区别定性和定量的变化。定性变化的测量很直接：或存在变量数值上的改变（即质性状态），或没有变化。例如，一个人从没有违法行为（不参与非法活动）到有违法行为（参与某些犯罪活动），或者一直保持不违法。一个人从蓝领工人升到白领工人，或仍是蓝领工人。对于变量的每个单独的类别，形式是相同的：人改变或不改变。因此，测量纯粹的质性变化可能只需要简单的二分法："有"或"没有"。如果类别是定序的且组类很少，那么用二分变量测量变化就可以了，但是如果是包含很多组类的定序变量，那么测量变量就需要一个更详细的定量测量。我们更想知道个案"如何"改变（例如，针对"宗教"这个名义量表，我们可能想知道一个人是否从基督教转为天主教或犹太教），但原则上，其实就是建构一系列的基于二分结果的类别。不管有没有改变，它仍是二元测量。对于连续量表的变化，通常应用两种测量方法。第一种是变量前后分数的差距（$X_2 - X_1$），下标指的是时间。这称为差异、变化分数、原变化或原增益。第二种研究改变的方法是残差增益。为了计算残差增益,变量 Y_2 首先对 Y_1 进行回归(使用线性回归),以获得 Y_2 的预测或期望值。Y 的期望值 $E(Y_2)$ 是基于 Y_1 的数值和两个参数的值 a(截距)和 b(Y_2 和 Y_1 之间关系的最佳拟合直线斜率):$E(Y_2)=a+bY_1$。残差增益数值是 Y_2 的实际值与其期望或预测值之差:残差增益 $(Y)=Y_2-E(Y_2)=Y_2-a-bY_1$。

对于比例量表的变化,第三种常用方法就是 Z 变化的百分比:Z 的变化百分比 $=100\%(Z_2-Z_1)/Z_1$。这个方法并不适用于其他量表,因为任何没有绝对零点的量表都存在无限的变化,但其百分比变化同样有效。为了说明这点,温度便是一个好例子。在这个区间量表中,室温到水的沸点的百分比变化是 $100\%(212-70)/70=203\%$(华氏量表),但摄氏量表则为 $100\%(100-21)/21=376\%$。另外,当 $Z_1=0$ 时,变化百分比就计算不了,因为不能除以 0。变化百分比的变异作为变化的衡量,包括基于比率(而不是百分比)和变化的复合比率,最常见的例子是储蓄户口的复合利息。衡量的变化可能基于多于一个的时间单位。计算方法很简单,就是改变除以时期的次数(或其他时间单位,不一定与测量时间长度相同),如此便得出变化率(各时间单位的原增益、残差增益或百分比变化,如犯罪率或人均收入每年平均百分比的改变)。

有三种描述变化的常见形式:数值、图形或数学(包括统计)。变化的数值描述包括测量的数值变化,例如,人均国民生产总值每年的百分比变化。简单测量的变化(如短期实验与伪实验研究)存在更多相似点,与发展研究的相似点较少。

图形描述一般将变量在不同时期的数值对时间作图，水平轴是时间，竖直轴代表变量。图 4.1 就是变化图形描述的例子，表示在特定时间内，趋势是向上、向下还是稳定，以及在不同的时间，趋势是否变化且如何变化。变化的数学和统计模型描述主要用方程表达。量性变化模型的重点在于，一个变量随着时间而改变多少，而质性变化模型的重点在于，有多少个案随时间而改变。

变化测量的问题

以上提到的任何变化测量的方法都可用于总人口设计、追踪样本设计和循环追踪样本设计的个人或团体数据。在重复截面设计中，我们不太可能去测量个别变化，但可衡量界定清晰的组群的变化，只要在组群层面上，这些个案在不同的截面中是可比的。对于那些每一个组都有足够个案的概率抽样，只要取样和数据收集程序被严格复制，这应该不是问题，但任何对最初的抽样或行政程序的偏离都可能严重影响数据的可比性，同时令重复截面数据无法进行纵贯分析(Martin, 1983)。图 3.1 的纵贯设计描述了可以用来衡量总样本或人口的变化，但重复截面设计必须确保不同截面的抽样和管理程序相同。

每当我们试图衡量变化时，我们需要考虑从一个时间到另一个时间的明显差异是否真的代表变化还是因为不可靠的测量。之前的举例就说明了这个问题。雷德菲尔德和刘易斯对墨西哥村庄迪坡斯特兰的研究就有不同的结论，是因为不可靠的结果(一方或双方观察员有偏见，并做了不准确的解说),还是因为从雷德菲尔德到刘易斯这段时间里,村子发生了重大的变化?全国犯罪调查的访问次数与受害事件数量呈负相关是否因为该研究调查数据不可靠,或是真正的下滑(可能由于“治疗”效应,访问调查使受访者想起了受害的经验,从而提升警觉而避免再次受害),或存在抽样问题(高受害者可能因为经常搬家而流失),或是受害的真正时期趋势呢(Cantor, 1989)?样本的特征在1976年一直很稳定,同时,全国犯罪调查中大部分罪行的估计受害率在1976年后下降了(Bureau of Justice Statistics, 1992; Rennison, 2000)。因此,重复访问的受害率下降可能是因为真正的时期趋势,但这又不太可能解释所有观测到的变化(Cantor, 1989)。有趣的是,受害趋势可能比受害水平更准确,因为自1976年以来,全国犯罪调查的样本内的系统误差大概都有相同的分布。

回想一下再测信度(不是内部一致性可靠测量),这是测量本身的变化,但变化实际上没有发生(Zeller & Carmines, 1980)。区分不可靠的测量和实际变化的方法是复制和使用多个独立可靠的量表。在某些情况下,其他证据能清楚地反映哪一个解释比其他的好。例如,特定年龄分析显示,各个年龄组的非法行为普及率的变化是相似的,这些变化可能与以前的访问次数无关,这表示了真实变化,而不是不可靠测量。如果各年龄组的变化不一,同时这些变化似乎与之前的访问次数相联系,那么这很可能是不可靠测量。

描述变量之间关系的变化

直至现在,重点一直在变量数值如何随着时间而变化,这通常是变化描述的主要关注点。但是，我们也可以研究变量间的关系是否随着时间而变化。佩恩等人举了两个例子，一个例子使用 logistic 回归观察职业资格和失业关系随时间而发生变化，第二个例子使用对数线性分析来检验社会阶级和政党间的关系如何随着时间而改变(Payne et al.，1994)。在第一个例子中，他们发现，没有职业资格的个人的劣势随着时间而变化，更具体而言，该变化在高失业率的早期比低失业率的后期更大。第二个例子与前面提到的豪特等人的研究相似，他们发现在英国选举中，社会阶级和政党的关联随着时间而减弱。这些例子都涉及因果关系或预测模型，但请注意，重点在于因变量或结果变量与其预测变量之间关系的变化，这一点等同于甚至超出预测变量预测结果变量的能力的重要性。此外，在关系变化的分析中，人们经常从其他变量的历史或发展变化的角度来解释该变化。

类似的分析可以采用结构方程建模，例如，使用堆栈模式在不同时期测试结构参数的等同值。尤其重要的是测试因子不变性(例如，Kaplan，2000；Patterson，1995)，即同样的指标是否在不同时间具有相同的概念？这个因子不变性的问题是，测量在不同时间是否恒定？如前所述，即使在不同时间使用相同的测量，也并不表示我们每个时期所测量的事情都一样。帕特森举了一个反社会特征的例子，个人行为表现指标随年龄增长而改变，并说明不同的偏差行为如何改变，如滥用药品和与警察接触的重要性都提升了。如帕特森所说，尤其是生命过程的研究，不同的变量可以衡量在不同的发展阶段的相同事物(Patterson，1995)。

第4节 | 决定性与概率模型

数学和统计模型分为决定性模型与概率性模型。在描述变化的决定模型中,所有个案既有特点的改变需要完全一样。在决定的因果模型中,知道预测变量的相关有限集合的数值或某特定个案是否改变或改变多少,能令我们知道(原则上)预测值或因变量的确定值。它是否会改变?如何改变(增加或减少)?同时,个案会改变多少?实际上,社会科学的决定模型有可能出现偏差,如测量错误。在社会科学中,定量变量的变化决定性模型包括函数方程(Kim & Roush, 1980: 101—104)、差异方程(Huckfeldt et al., 1982; Kim & Roush, 1980:第5章)和微分方程模型(Blalock, 1969:88—91; Kim & Roush, 1980:第6章)。这些模型所表达的变量数值的变化可被描述为时间的函数。变量变化的描述应包括该变量和数学公式的时间项;变化的解释涉及方程中的其他变量;变化的预测可能涉及时间以外的预测变量。

前文提及的理查德森的军备模型(Richardson, 1960)便是一个决定因果模型,它试图解释军备水平的变化。一个变化决定描述模型的例子是内部—影响扩散模型(Mahajan & Peterson, 1985)。创新的扩散简单模型,如内部—影响扩散模型,通常把在一个特定时间内采用创新的累积数目表达成时间的函数，可表达为微分方程（Hamblin et al.，1973；Mahajan & Peterson，1985）。一个可能描述这个过程的方程是 $dX/dt = ct^n$，其中 X 是采用创新的累计数目，dX/dt 是 X 的变化率，t 是一些适当单位的测量时间，而 n 和 c 是需要估计的常数参数。如果我们把方程整合一下，可写成 $X = ct^{n+1}/(n+1)$。最简单的形式是，当 $n = 0$ 时，方程变为 $X = ct$，X 便为时间的线性函数，常数 c 可用普通最小二乘回归技术估计。当个案数量相对较大（例如，超过 20）且测量期间相对较小时，这种做法会随着 t 多项式函数的变异而有效地描述变化。

在变化概率描述模型中，我们期望所有个案的变化不都一样，即使它们具有相同的特点，但一定比例的个案会以某种方式改变。在概率因果模型中，如果我们知道预测变量的一些相关、有限集合的数值，或它们如何应对总人口、样本或足够大的组群的变化（男性和女性、较发达和不发达国家），我们就可以较准确地预测具有某个结果的个案的比率或百分比或它们是否会改变、以某种方式改变的比例或百分比、改变的平均数量（平均数、中位数、形态）。我们无法预测个别个案的结果，或结果是否改变、如何改变，或改变多少。因为概率模型的基本假设是，对个别个案行为的影响是一个概率的过程。具有某些特征的个案或多或少比具有其他特点的个案更会出现某特定方式的改变，但组群中个案的改变模式不必一致。如前所述，穆尔丁和贝雷尔森及徐和博格的生育率模型便是概率模型。

认识概率模型的一个方法就是认定个人的行为表现受到不同的影响（对某些人或组群在某个方面有强烈的影响，

但对其他人较弱),但同一时间又有自由去选择不同的行为模式,甚至抗衡强烈的影响。有些人会选择抵制对他们的行为有可衡量的影响,即使这些影响是强大的,但能抵挡强大影响的个案比例比能抵挡弱小影响的个案比例小(这意味着强大的影响力有较小的预测误差)。

社会科学中的决定模型比较罕见,通常用于模拟定量变量。概率模型,尤其是统计模型,在社会科学领域中是很常见的,它广泛运用于定性和定量变量。本章后半部分将集中讨论利用统计模型分析社会科学的纵贯数据。选择合适的模型来分析一个具体的研究问题,取决于现象问题的假设能多准确地被衡量以及数据收集的设计和实施的强度,但选择纵贯数据的因果分析的好方法是考虑个案数目(n)和时期数目(t)。表 5.2 就这两个要点提出了一个粗略的分类。请注意表 5.2 的明显的"灰色地带",就是 20 至 100 的个案(取决于分析方法)和 10 至 20 个时段的情况。在这个灰色地带,选择适当的方法是艺术而非科学,并且最好能根据经验和熟悉的方法,而不是任何规则进行选择。

表 5.2　分析模型和数据结构

少量个案 ($n < 20$) 很多时期 ($t > 20$)	大量个案 ($n > 100$) 很多时期 ($t > 10$)
ARIMA 模型:共变量、转换功能模型、干扰时间序列模型	连续时间事件史分析:高斯比例风险和参数风险模型
自动回归(AR)时间序列模型	
滞后内生变量(LEV)模型	多层次增长曲线模型
分类数据(最佳量表)的多元动态分析	

续表

少量个案（$n<20$） 很少时期（$t<20$）	大量个案（$n>100$） 很少时期（$t<10$）
集合截面/时间序列分析	线性追踪样本分析条件变化模型（滞后内生变量）
	线性追踪样本分析非条件变化模型（变化分数）
	潜在增长曲线分析
	分离时间事件史分析
	多层次增长曲线模型

第5节 | 集合截面和时序数据

集合截面和时间序列数据需要了解两个不同的方式:数据结构和分析纵贯数据方法。作为一个数据结构,如图5.2,时期“堆积”起来,就好像它们是同截面的某些部分。表中的每个X代表了某变量在某特定个案中于某特定时间的一个观察值,X下标的符号$n=1, 2, \cdots, N$个个案,$t=1, 2, \cdots, t$时期,$k=1, 2, \cdots, K$个变量。在图5.2中,列代表个案,行代表变量,这种结构常用于电子表格和统计组建,唯一不同的是个案(行)被重复T次。因为只有一个因变量Y,所以没有必要设第三个下标符号,但原则上可以有多于一个的因变量。同时,如重复截面设计,个案的每个时期的衡量有可能不同,在此情况下,便只是集合截面,而不是集合截面时间序列的设计。重复截面数据结构对分析某层次(国家、城市等)样本的集合历史转变很有用,同时可以用熟悉的分析方法,如普通最小二乘法或 logistic 回归,但如前所述,它不允许非集合个案的改变的测量和分析。当反复衡量同一个案时,如纵贯追踪样本设计,集合截面时间序列(或 TSCS)数据结构提供了更好的统计效能和更可靠的估计,但与任何分析一样,其缺点在于参数估计可能被不同时期个案内或同一时间测量个案之间的真实值或/和误差的相关所混淆。

TSCS数据结构是较成熟的纵贯数据分析的标准格式，包括潜在变量成长曲线模型、多层次增长曲线模型和事件史分析。这些技术（下文将会讨论）需要大量的个案数量和时期，才能得出可靠的模型参数估计。表5.2左下方代表最坏的情况，只有少数个案和少量时期。在这种情况下，我们只可能做案例研究描述，即使简单的统计描述也不太合理。相反，如果有大量的个案和时期，就可能像图5.2那样建构数据，并使用较简单的普通最小二乘法回归或类似技术来分析数据。塞尔介绍了几种集合TSCS数据模式，其中最简单是

		变量1：X_1	变量2：X_2	…	变量K：X_K	因变量：Y
时间1	个案1	X_{111}	X_{112}		X_{11K}	Y_{11}
	个案2	X_{211}	X_{212}		X_{21K}	Y_{21}
	⋮					
	个案N	X_{N11}	X_{N12}		X_{N1K}	Y_{N1}
时间2	个案1	X_{121}	X_{122}		X_{12K}	Y_{12}
	个案2	X_{221}	X_{222}		X_{22K}	Y_{22}
	⋮					
	个案N	X_{N21}	X_{N22}		X_{N2K}	Y_{N2}
	⋮					
时间T	个案1	X_{1T1}	X_{1T2}		X_{1TK}	Y_{1T}
	个案2	X_{2T1}	X_{2T2}		X_{2TK}	Y_{2T}
	⋮					
	个案N	X_{NT1}	X_{NT2}		X_{NTK}	Y_{NT}

图5.2　集合截面/时间序列的数据结构

常数系数模型(Sayrs, 1989)。即使是在不同时期重复测量相同的个案,该模型仍假设预测变量的测量和结果是独立的。但是,同样的个案在不同时间的测量不太可能完全无关。另一种模型就是最小二乘虚拟变量(LSDV)模型,它仍可使用最小二乘法回归来估计,同时,LSDV 模型的计算可以假设相关基于时间而非个案。但是,若假定线性关系同时基于时期和个案,模型便无法计算,因为这个结果将是完美的共线性。即使是 LSDV 模型,要准确地估计模型,个案和时间的数量仍必须超过表 5.2 左下方的最大值。

塞尔还介绍了更复杂的模型,包括广义最小二乘、随机系数和结构方程模型,但越复杂的模型,就需要越多的个案或时期来估计。成熟的纵贯分析技术如下:如贝克等人建议,政治学的 TSCS 模式一般涉及 10 宗至 100 宗个案,跨时 20 年至 50 年(Beck et al., 1998; Beck & Katz, 1995);若是二元结果的数据,他们建议使用事件史分析(时间是虚拟变量的比率模型,因此会包括 LSDV 的重要元素);若是分类和连续结果,可以建构随机系数模型来计算个案内分层(即相同个案在不同的时间的多元观察)和观测值的时间依赖性(后者的预测变量加入时间部分函数,这可能与模型中的其他预测变量互动);凯斯勒和格林伯格以及塞尔建议,较简单的 TSCS 数据的方法对少量个案和时期的分析会很有用(Kessler & Greeberg, 1981; Sayrs, 1989),如表 5.2 左下方的情况,但是,当个案和时间都足够大的时候,最好运用其他方法。

第6节 时间序列分析

表5.2的左上方是多时期少个案。在这种情况下，我们通常会研究一个或数个个案的改变模式(可能用非统计及非正式的个案比较)，其重点是归纳跨时段的情况而不是分析个案。技术上来讲，当同一个案的同一变量具有两个或两个以上时期的数据时，我们就有一个时间序列。但是“时间序列分析”一词通常指分析具有长时间序列的单一个案的一系列分析方法。不同时序分析的类型包括自回归移动平均(ARIMA)模型(Box et al., 1994; Wei, 1990; Yaffee & McGee, 2000)、时间序列回归(TSR)模型(其他名称有“简单自回归”或“计量经济时间序列模型”)(Ostrom, 1990; Yaffee & McGee, 2000)、滞后内生变量(LEV)模型(Sanders & Ward, 1994)、光谱分析。时间序列变异分析较之社会科学数据分析的其他几种方法较少使用(Jenkins & Watts, 1968; Wei, 1990)。此外，对于定性因变量，比莱韦德等人认为，可使用最佳量度技术去做分类数据的多元动态分析(Bijleveld et al., 1998:132—148)，但这种技术比较少用。在“中断”时间序列分析(Cook & Campbell, 1979; Wei, 1990; Yaffee & McGee, 2000)的模型中，至少包括一个二分预测变量，这个变量的变化可能会影响因变量。

ARIMA 时间序列分析在社会科学中的应用越来越广泛,特别是在博克斯和詹金斯的著作(Box & Jenkins, 1970)出现之后。ARIMA 时序分析试图以 4 个过程的组合来描述长系列的时间次序数据。白噪音过程是一系列的随机冲击或改变,这是概率组件,出现在所有随机时间序列模型中。自回归(AR)过程是指一个变量的当前值取决于其之前特定时间或区间的数值。移动平均(MA)过程是指白噪音过程的过往值继续影响模型变量在有限、指定时间或区间的当前值。综合(I)过程是指模型变量随着时间具有可检测的趋势或漂移,但系列没有趋势或漂移,这是因为它是变量值减去该变量之后的数值。减去或差异的目的是为了得到固定的白噪音时间序列,其中白噪音过程的数值的平均数为 0(即系列中随机组件在某一时间的值与同系列相隔某指定时间的值不相关)。一个时间序列分析可以结合一两个或全部 3 个过程以及白噪音过程,以得到一个固定的时间序列,并描述变量如何随时间而变化。此外,我们可以在 ARIMA 模型中结合连续或分类预测变量(后者如中断时序分析)(Sanders & Ward, 1994; Wei, 1990; Yaffee & McGee, 2000)。

TSR 模型看似是一个最小二乘法回归模型,除了它是指一个个案而不是很多,而且是很多时期而不是一个时期,因为模型只对一个个案的因变量与预测变量做多次测量,但是,最小二乘法回归假设误差不相关通常都是错的。德宾-沃森(Durbin-Watson)统计量用于测试自相关的错误,如果出现自相关错误,该模型就需要使用估计广义最小二乘(EGLS)或最大似然(ML)估计技术来重新估算。在模型中加入自回归组件,就会与 ARIMA 模型中的 AR 相同。基于使用不同的估计方法(对于时序回归来说是ML而不是EGLS,它能对ARIMA模型做线性转换,但不做预白噪音化,详情见Yaffee & McGee, 2000),ARIMA模型和同样模型规格的TSR的结果可能相同。它也可以指定TSR模型,包括一个内生滞后的变量,然而需要进行不同的自相关误差测试(Ostrom, 1990:65—67)和不同的估计程序。TSR需要较少时期,更重要的是,当预测变量多时,TSR模型会比ARIMA模型容易(Ostrom, 1990; Yaffee & McGee, 2000)。许多人认为,ARIMA模型(互相关函数决定因果次序)比TSR模型(因果次序是预先指定的)更易受经验上的影响,但可以用格兰杰因果分析(见第2章)来决定TSR模型的因果秩序。

LEV时间序列模型使用最小二乘法回归技术来预测结果Y的数值,这基于预测变量X_1, X_2, …, X_K的值以及Y之前的一个或多个值。在大多数情况下,模型会包含Y滞后一期的数值。桑德斯和沃德曾指出LEV的两个优势:第一,它通常避免无滞后内生变量的最小二乘法回归产生一系列相关误差的问题;第二,Y的滞后值可以结合所有不可测量变量对Y当前值之前的影响(Sanders & Ward, 1994:203)。但是,误差可能会出现系列性相关或自相关(即在一个时间点的误差与该误差在其他时间点相关),而且预测变量对结果随着时间的影响可能不稳定。

TSR时间序列测试并修正了序列相关错误,从而改良了LEV模型。ARIMA模型透过差分不同时间序列和特定时期的随机冲击(移动平均或MA组件),不但能解释序列相关错误,而且说明了趋势或漂移(综合或I组件)。那么,为什么考虑LEV模型或TSR模型呢?因为复杂模型要求更多的时期以得到更可靠的模型估计。ARIMA 模型,如前所述,时期需要可能多达 250 期,而 LEV 模型的估计,原则上需要的时期少得多。实践上来看,ARIMA 模型最常用于纯粹的描述或非常简单的改变模式(一个或两个预测变量)。TSR 和 LEV 模型往往用于较多变量和较少的时期。所有这些方法通常用于模拟定量因变量。原则上来说,这 3 个模型适用于分析质性因变量,但实际上,LEV 模型会更容易些(只需用 ML logistic 回归或类似技术代替最小二乘法线性回归)。

时间序列分析长期以来被用于经济分析和预测以及自杀研究(Vigderhous, 1977)。桑德斯和沃德比较了最小二乘法回归、ARIMA、TSR(他们写为 AR),并用 LEV 模型来分析经济条件、消费者信心和福克兰群岛战争(Falklands War)对英国投票模式的影响。最小二乘法模型不理想,因为误差有高度自相关。更重要的是,其他 3 个模式会导致不同实质的结论。这 3 个模型有显著的自回归效应(依赖于前值或惯性),并且消费者信心对投票偏好有显著影响。只有 LEV 模型显示出经济条件对选民偏好有显著影响,并且,只有 TSR 模式无法找到福克兰群岛战争的任何长期影响。如何从这 3 种模型中进行选择?桑德斯和沃德对此总结道:“可惜没有一个容易或普遍的答案。”(Sanders & Ward, 1994:218)由于认识论的理由(LEV 过程似乎与个别选民的决策过程更接近),在该研究中,他们倾向于 LEV 模型,但他们补充说,这并不意味着 LEV 模型是最好的时间序列分析模型。

第7节 | 多个案短时间序列方法

表5.2的右下角可能是社会科学纵贯分析中最常见的情况，即大样本或个案数量多但时期少，这与之前的问题相反。对于量化数据，还有越来越多的质性数据，可应用结构方程模型(SEM)做差异因果分析、线性追踪样本分析中的变化以及潜变量增长曲线模型的描述和解释。阶段性模型着重于离散、质性的状态以及包括马尔可夫链(Markov Chains)和对数线性模型之间的转换概率。实际上，所有模型主要用于短时间序列的分析。事件史分析和多层增长曲线模型(同样在表5.2的右下角)比较灵活，稍后在表5.2右上角的分析中会讨论到。

线性追踪样本分析

线性追踪样本分析(Finkel, 1995; Kessler & Greenberg, 1981; Markus, 1979)在第2章已描述过(测量时序、因果次序、线性追踪样本分析)。它可用于最少两个，但很少超过五个时期的数据。线性追踪样本分析原则上可用来分析任何前文提及的基本模型(A、B、C、D)，但最常用于模型A——条件变化模型或模型D——无条件变化模型(Finkel,

1995)。条件变化模型类似前节的 LEV 的时间序列模型,除了 Y 的前一个值会作为预测变量。在无条件变化模型中,Y 的变化 $(Y_t - Y_{t-1})$ 作为因变量,X_1,X_2,…,X_k 的变化作为预测变量,即 $(X_{1,t} - X_{1,t-1})$,$(X_{2,t} - X_{2,t-1})$,…,$(X_{k,t} - X_{k,t-1})$ 位于方程的右侧。线性小组模型可用来分析实验或伪实验数据,但至少有一个预测变量存在或缺少治疗或干预的情况,其他预测变量是共变的(其他预测变量影响治疗或干预结果),分析方法最好用最小二乘法线性回归、方差分析或协方差分析。这种类型研究最常见的模式是,Y 和它的预测变量都有两个测量周期,治疗前后各一次,Y 改变的程度和方向比 Y 在治疗后的实际价值更重要。另外,该模型可以用来分析非实验数据,最常用于结构方程模型(Bollen, 1989; Hayduk, 1987; Kaplan, 2000),通常多于两周期。比起 Y 值的改变,该模型往往更注重 Y 值在预测变量不同值时的差异。

变值与滞后内生变量模型

社会和行为科学对改变值 $(Y_t - Y_{t-1})$ 作为衡量少量时间序列追踪样本数据变化的合适性一直没有达成共识。这些辩论主要是关于短期个体内变化的分析。对于较长时间序列的数据,当重点从短期变化的模式转到长期变化的模式时,该问题在很大程度上就不存在了(Bijleveld et al., 1998: 39; Raudenbush & Bryk, 2002: 166—167)。克龙巴赫和菲比反对使用改变值(Cronbach & Furby, 1970),因为改变值与测量随机误差会出现系统化的相关,通常比由它们计算出来的变量值(如 X_1 和 X_2)更不可靠,同时这不可靠的变化可能导致错误的结论或推论。他们还反对使用残差获得分数作为变量变化,残差获得分数只能基于最初的值分辨个案,这是替代变值的更合适的方法。普雷维斯同意上述观点并发现,测量误差与残差获得分数对改变值有同样严重的问题(Plewis, 1985)。这些学者和其他作者都推荐使用包括滞后内生变量 Y_{t-1} 的条件变化模型(Finkel, 1995; Kessler & Greenberg, 1981)。

另外有些学者赞成使用改变值,他们至少在某些情况下(Allison, 1990; Liker et al., 1985; Rogosa, 1995; Stoolmiller & Bank, 1995)在无条件变化模型中用过改变值,其前提是,他们的研究兴趣在于个体内的变化而不是差异的因果分析,时间序列数量较少(最典型的只有两三周期)以及满足某些其他假设。赖克表示,无条件变化模型在以下几个方面可能更优于截面方程和条件变化模型(Liker et al., 1985):(1)回归参数从一个时期到另一个时期都保持不变;(2)有一些不能测量变量影响因变量,但其不随时间变化;(3)变量测量有自相关的误差,这将影响因变量且不同时间有不同的变化;(4)追踪样本数据对预测变量随着时间变化的测量比特定时间的预测变量的水平或数值更可靠,因为个体间差异可能比最初的个体间差异大(Rogosa, 1995; Stoolmiller & Bank, 1995)。无条件变化模型比滞后内生变量模型好,这种情况是有局限的,大多数观察研究都不可能符合,也难以符合实验或伪实验研究(Cronbach & Furby, 1970; Finkel, 1995)。司徒米勒和班克认为,当个体间差异变化很小时,条件变化模型可能更有用(Stoolmiller & Bank, 1995)。

艾利森也认同在伪实验不等控制组设计中的个体内变化研究可以使用无条件变化模型(Allison, 1990)。假设任何治疗都没有稳定组群差异(即个案的不同“类型”),同时治疗和前测分数 Y_{t-1} 之间没有互动,这时,无条件变化模型比条件变化模型好。不过,艾利森提到,当 Y 的初始值与治疗有任何互动时(例如,一个人因为数学成就测验成绩差而被选去参加数学辅导),条件变化模型可能比无条件变化模型更可取。此外,如果 Y_{t-1} 对 Y 有因果作用,那么条件变化模型可能更合适。这就提出了一个概念性的问题,它有时在讨论条件与无条件变化模型的相对优势时被忽略了,即社会惯性。如戴维斯所言:“正向的时间序列依赖或惯性是大多数可预料的社会行为。”(Davis, 1994: 33)麦金尼斯认为,“保持任何状况的概率会增加,当前值在该状况下是一个严格的单调函数时”(McGinnis, 1968: 716)。芬克尔指出,Y 的前值可能会影响 Y 的当前值,这与 Y_{t-1} 对 Y 的影响可能会被无条件变化模型错误地指定一样(Finkel, 1995: 7)。

滞后内生变量的系数有时称为“稳定系数”。有几种统计上难以区分的解释,最适当的解释必须由概念或理论上的考虑来决定(Davis, 1994; Finkel, 1995; Kessler & Greenberg, 1981; Rogosa, 1995)。最常见的解释是控制事先不可测量的成分对 Y 的影响,或是 Y 过去值对当前值的惯性影响。另外,它也可能解释为在同一时间做几件事情。戴维斯指出,稳定的回归系数可能代表以前的状态或行为对当前状态或行为的效应,以及可测量变量的之前效应和不可测量的变量的效应对因变量 Y 的影响。总之,条件变化模型对惯性效应的估计较为宽松,而且对模型中的其他预测变量影响的估计较为保守。因此，戴维斯(1994：36—37)指出，条件变化模型是很不完美的，它倾向于高估惯性效应并低估其他预测变量对 Y 的影响(Davis，1994：34—37)。通过观察，干预的影响往往低于统计模型所预测的，这一特性可能是条件变化模型的优点(Davis，1994：32)。

潜变量增长曲线模型

在线性小组模型中，首要的重点往往是预测或解释个案间一个或多个因变量的差异，然后再描述变化的模式。潜变量增长曲线模型(Bijleveld et al.，1998：第4章；Kaplan，2000：第8章；McArdle & Bell，2000；Stoolmiller，1995)的重点次序刚好相反，最重要是变化的说明或分析。沿用比莱韦德等人的简化符号(Bijleveld et al.，1998：250)，没有共变项的潜变量增长曲线模型可以写成 $\hat{Y}_t = Z_1 + Z_2 t$，$\hat{Y}_t$ 是 Y 在时间 $t(t=0)$ 时的观测值，$t = 0, 1, 2, \cdots, T$，是时间(或年龄)指数，Z_1 是潜变量参数代表 Y 的截距或初始值，Z_2 是潜变量参数代表随时间 Y 值增长曲线的增长率或斜率。Z_1 通常代替了 Y 截距——固定参数 α，Z_2 通常代表固定参数 β 作为增长曲线(时间系数)的斜率。共变量可加到模型中，以便解释因变量 Y 或潜变量增长曲线的参数 Z_1 和 Z_2，如果是后者，该模型结构通常与多层增长曲线模型相似，这将稍后讨论。但是，这样的模型可能有点笨重。例如，司徒米勒用了27个方程来说明一个4期的智力潜变量增长曲线模型的详细规范(Stoolmiller，1995)。因变量潜变量增长曲线模型的例子还有认知表现、心理健康、酒精和药物滥用，以及其他非法与偏差行为,这些都可在其他著作中找到(Little et al.,2000; Collins & Sayer,2001)。

在SEM潜在增长曲线模型的教科书与实证研究中,时期的数量通常是2至7,4或5波数据是常态(Collins & Sayer,2001; Gottrnan,1995; Little et al.,2000)。对于少量的时间序列模型,潜变量增长曲线模型的结果通常与多层增长曲线模型的结果相同或非常相似(Little et al.,2000)。实际上,在理想状态下,使用潜变量增长曲线模型会涉及五个或更少的变量,都是没有测量和原则上无法测量的变量,对于它们每一个而言对可靠性的内在一致性测量都是合适的,每个变量有3至5个指标,以及有一个可能很复杂的协方差结构,并且可能包括相关的误差。更多的变量或更多的指标就需要更大的样本量或对模型有更多的限制(这需要理论依据)。比莱韦德等人认为:“一般来说,结构方程模型适用于需要高度识别的理论模型,大量个案只做较少次数的测量。”(Bijleveld,1998:267)他们的观察显示,拟合大量时期的结构方程模型,如果个案数量太少,可能变得很复杂,或者得出不适当的答案。比莱韦德等人提议,先拟合模型中的小部分,然后将各小部分结果组合起来,直到得到满意的结果为止。他们的讨论为结构方程模型在追踪数据方面的实际应用提供了合理的意见(Bijleveld,1998:265—268)。

质变的描述模型:阶段分析和转换矩阵

质性数据变化的模型通常使用阶段分析,将数据分类到有限的类别,这样,个案可以随时间从一个类别转移到另一个。变化阶段模型关注的是在某一时期(阶段),一个值(状态)转变到另一个值的概率。对于多分类或多值分类变量的不同转换(在某特定的时期之间,从一个值到另一个值)的概率,每对原始值(区间内的开始状态或数值)和最终值(区间内的最后状态或数值)都要计算,包括原始值与最终值相等的情况。当原始值与最终值相等时,转换概率表示在特定的时间间隔内,状况的稳定性。

社会科学中关于变化的阶段模型通常是概率性而不是决定性的。阶段转换可用简单转换矩阵来描述,对转换矩阵的性质没有任何假设(例如,Elliott et al., 1989: 179):马尔可夫模型,包括马尔可夫链(Bartholomew, 1973; Bijleveld et al., 1998:第 6 章);对数线性模型(Bijleveld et al., 1998:第 6 章;Hout, 1983);潜变量方法包括混合马尔可夫潜在类别模型和潜在转换模式(Collins, 2001; Collins et al., 2000; Langeheine & van de Pol, 1994);生命表模型(Namboodiri & Suchindran, 1987);生存、风险或事件史分析模型(Allison, 1984; Blossfeld et al., 1989; Hosmer & Lemeshow, 1999; Yamaguchi, 1991)。转换矩阵,如马尔可夫模型和对数线性模型,是基于交叉表或列联表值的简单的行百分比,这是将所有个案中的某个变量(列变量)在某一时间的值与该变量(行变量)后期的值进行比较。有些马尔可夫模型存在吸收状态,即一旦进入,就不能离开。最常见的吸收状态的例子是死亡。对于至少有一个吸收状态的齐性马尔可夫过程,每个案件最终将进入一个吸收状态,可计算在某特定时期,个案进入吸收状态和其他状态的比例,以及全部或相当比例的个案都进入吸收状态所需要的时间。

埃利奥特等人应用转换矩阵来模拟青春期从不犯罪到犯罪和吸毒的情况(Elliott et al., 1989)。他们用了5个阶段(1976—1980年)和4个州(不犯罪、探索犯罪、不严重的固定犯罪模式、严重犯罪;没有使用药物、喝酒、吸食大麻和滥用多种药物)。根据马库斯做的卡氏检定,犯罪的转换矩阵是齐性的,他们从一个时期到另一个时期的变化不超过随机误差。青春期违法矩阵近似一个固定的马尔可夫过程。吸毒的转换矩阵从一个时期到另一个时期会出现显著的差别或非齐性,主要因为更严重的药物滥用的转换模式更有可能出现在青春期后期,而非青春期早期。埃利奥特等人部分地分析了用转换矩阵来描述违法行为的发展模式,他们还利用转换矩阵来检测不同的违法行为的开始和暂停。

第8节 | 多个案长时间序列方法

表5.2的右上角是纵贯研究人员的梦想:许多个案和许多时期(实际上,从ARIMA模型的角度来看,不必有许多时期,但这更多是为了其他统计方法)。然而,只有两种分析方法列在该表格中:连续时间事件史分析和多层增长曲线模型。两者也列在右下角(很多个案、很少时期)。利用其他方法,如线性追踪样本分析、潜变量增长曲线分析、阶段模型,甚至方差分析、协方差分析、多元方差分析以及共变量(多元协方差分析)模型来分析长时间序列数据会很困难。相反,历史事件分析和多层增长曲线模型更为灵活,可用于长的或短的时间序列数据。

事件史分析

事件史分析(Blossfeld et al., 1989; Hosmer & Lemeshow, 1999; Namboodiri & Suchindran, 1987; Yamaguchi, 1991)包括生存和风险分析,都是关联几个时期的数据的回归分析和转换矩阵分析。事件史分析首要关注的是描述、预测并解释质变的时机。事件史分析可用年龄或时间作为基本的时间连续体,并使用其他时间变量作为一个独立的变量,这样可能检测到历史和发展的趋势。生命表模型包括多状态生命表模型,某种意义上可视为事件史分析的非参数形式。它们分析阶段转换,而且不对转换的时空分布(如事件史分析)作出任何假设,在意义上比事件史分析更灵活,但它们处理大量的自变量却有很大的困难。

对于短时间序列、离散时间(有些学者称其为“分组时间”或“区间检验”,见 Beck et al., 1998; Hosmer & Lemeshow, 1999: 257—269),事件史分析模型只需要几个时期,可采用 logistic 回归(比例比数)或互补对数模型(比例风险)。短时序列可能是因为事件发生在离散时间间隔(美国每 4 年一次的总统选举中,选民可选共和党、民主党或独立总统候选人)或粗测时间内(例如,测量相隔时间长,造成每年测量,但这些事件可能在那一年的任何时间发生)。对于较长的系列,通常但不一定涉及更精确的时间测量,无论是半参数考克斯比例风险模型,还是参数事件史分析模型,都可使用(考克斯比例风险模型只是一种情况的比例风险模型;一些参数和离散时间模型也是比例风险模式)。事件史分析被用于描述分析和因果分析,例如,累犯模型(Schmidt & Witte, 1988)、劳动力比率(Blossfeld et al., 1989)、婚姻历史事件(Peters, 1988)以及其他涉及离散状态间的转换事件。

多层增长曲线模型和相关方法

个体或个案内变化的多层增长曲线模型在比莱韦德等人、劳登布什和白克、斯尼德斯和博斯克的专著中都有讨论。劳登布什等人以及斯尼德斯和博斯克用了几章的篇幅介绍了分类因变量(二分、名义、序数、数量)的情况(Raudenbush et al., 2000; Snijders & Bosker, 1999)。基本的多层纵贯数据分析模型涉及两个层面:个人或个案层面(第二层),这层数据描述个案不随时间变化的特征;观察层面(第一层),这层重复测量个人特征,包括因变量,这些特征会随时间而变化。简单的描述性增长曲线模型不包括第二层的预测变量,只有第一层的时间或年龄(或两者)的测量才是预测变量(例如,X_1=时间)。在这种情况下,时间对因变量的影响可以说是固定的(而不是随机的,如变量)。更复杂的模型可以包括更多的复杂时间函数(例如,二次或三次多项式)和第二层额外的不随时间改变的变量以及第一层的时变变项。总而言之,这两层可以检测固定的个别特点对因变量以及因变量与时间之间的关系,还能检测因变量和第一层其他预测变量随着时间的变化,其中包括检测不同的个人特征是否以及如何产生影响,预测变量和因变量之间的关系是否以及如何随着年龄或时间变化。换句话说,增长曲线的斜率受到个人特点的影响,包括该个案的固定特性和时变的特性。

比莱韦德等人(Bijleveld et al., 1998:第 3 章)也应用重复测量单元方差分析(ANOVA)及协方差(ANCOVA)、多元方差分析(MANOVA)和协方差(MANCOVA)来分析纵贯数据,并提供了很有用的多层模型比较。在实际应用中,重复 ANOVA、ANCOVA、MANOVA 和 MANCOVA 都是多层混合模型(包括多层增长曲线模型)的子集,后者一般更适用于多于 2 个或 3 个时期的纵贯数据分析。重复 ANOVA、ANCOVA、MANOVA 和 MANCOVA 在分析很短系列的量化数据时是最有用的,这种情况在实验与伪实验研究中最常见。多层增长曲线模型更灵活,可以用于量化因变量的定性分析。不像潜变量增长曲线模型,它们可以轻松地处理长时序(大量时期)。事实上,多层增长曲线模型的可靠性随着时期的增加而提高,它们还可以处理通常用潜变量增长曲线模型的短系列数据。当比较这两种方法在较短系列数据中的应用时,其结果往往是相似的(Little et al., 2000)。劳登布什和白克应用了多层增长曲线来模拟认知发展和词汇学习(Raudenbush & Bryk, 2002)。劳登布什使用全国青年调查数据和多层增长曲线模型来检测整个生命过程中,对违法行为、结交违法朋友、年龄和性别之间的关系的态度(Raudenbush, 1995),并用同样的方法分析了二分因变量的纵贯数据以及 11 岁至 21 岁期间有严重盗窃行为的概率。

第9节 结论:纵贯与截面数据和分析

本书比较了纯截面研究与纵贯研究,并界定了纵贯研究的目的。现在总结一下两者的不同。

第一,纵贯研究通常成本较高。如果研究问题或假设可以用截面数据,就不必用纵贯研究去回答研究问题或检验假设。

第二,纵贯研究与截面研究都同样面对数据质量好坏和抽样是否充足的问题,以及其他的一些问题。除此之外,还有其他。虽然有办法解决这些问题,但如果截面研究适合,同样不必用纵贯研究。

第三,截面研究无法解决发展(年龄)趋势、历史(时期)趋势及世代效应。当这3个类型的效果有可能出现时,研究这种变化就需要用纵贯数据。

第四,历史变迁的描述和分析绝对需要纵贯数据。同时,相对于一般常见的纵贯和截面分析而言,纵贯分析方法,如差分方程模型、ARIMA时序模型、事件史分析,可提供更强大且更详细的历史性变化分析。

第五,虽然可以利用截面特定年龄(或指定阶段)的数据来描述和分析发展趋势,但是这些结果与纵贯数据反映的结果一样。至于将发展变化视为反映随着年龄或阶段的个人经验的纵贯数据,是因为它们反映了个体内的变化,而不是个体间的差异。

第六,除非有充分的理由,如动态过程是非遍历的,否则(除了众所周知的,如动态过程是非遍历的)应当假定,如果要更有效且更正确地估计社会科学任何动态过程中的参数,就必须使用纵贯数据。

第七,除非回忆期很短或应答条件习惯效应很严重,或者能够证明长期回忆的问题是轻微或不存在的,前瞻追踪样本设计或总人口设计通常比其他纵贯设计好。

第八,检测时间或因果次序应该是检测因果关系中不可分割的一部分。与共变关系(显示在关系强度中)和非虚假关系(显示在关系的持续意义中)一样,时间或因果次序会显示在阶段状态时间序列分析中。格兰杰因果关系或线性追踪样本的分析就是任何因果关系的重要元素。

鉴于这些结论,截面研究还有什么作用呢?最明显的答案是,截面研究仍然可用于描述特定时间内的变量和关系模式。另外,截面研究的耗费比纵贯研究少,截面设计能够了解动态模型中的假设或对研究问题进行探索或初步的调查。如果关注同一时间、不同年龄的个体之间的差异,而不是推断个体在整个生命过程中随着年龄而发生变化,截面研究是可取的。但是,如果是描述和分析动态变化的过程,那么纵贯研究最终是必不可少的。原则上,纵贯研究能做很多截面研究所不能做的事,相反,没有截面研究能做而纵贯研究不能做的事。

纵贯研究不能解决截面研究的所有问题。它不能解决拙劣的研究设计、样本量不足或忽略分析方法的假设和限制所带来的问题(相反,很可能会加重问题的严重性)。并非所有的研究问题都要纵贯研究,截面研究也可以做很多。最好把纵贯研究视为社会科学家可用的一个强大的工具。如果研究的问题并不需要纵贯设计,那么使用它将浪费时间、金钱和精力。如果研究问题或假设确实需要纵贯数据和分析,而且能很好地利用,那么结果的质量才能充分地补偿纵贯研究的成本。

注释

[1] 有关使用社会指标的讨论和社会变化指标的介绍,见鲍尔以及谢尔登和摩尔(Bauer, 1966; Sheldon & Moore, 1968)的著作。美国人口普查局列出了美国从殖民时代到1970年的统计数字,卡罗等人列出了20世纪美国众多社会指标的趋势(Caplow et al., 2001)。

[2] 因果模型的基本讨论,见阿舍(Asher, 1983)、布莱洛克(Blalock, 1964)、戴维斯(Davis, 1985)、海斯(Heise, 1975)和皮尔(Pearl, 2000)等人的著作。从哲学角度的讨论,见纳格尔的著作(Nagel, 1961)。对非实验研究的因果推论的争论可在马斯登的著作中(Marsden, 1991)找到,麦克吉姆和特纳(McKim & Turner, 1997)以及谢弗(Shaffer, 1992)的讨论多限于模拟个体内的变化(而不是个体间差异的因果分析),而且数据涉及少量的时期或截面设计。在"硬"科学领域中(如天文学),非实验研究的因果推论通常被忽略或轻轻带过,社会科学需要论据和"近实验化"的研究标准(暗示治疗的随机分配和操纵推定的因果变量)。简言之,在我看来,实验和非实验研究提供的是关于因果关系的证据而不是证明,两者都有内在的限制(Babbie, 2001: 226—235; Campbell & Stanley, 1963; Cook & Campbell, 1979)和执行不力的潜在局限性。虽然实验研究较之非实验研究有明确的优势,但是这种优势是在程度上,而不是不同类型。

[3] 有人提出附加标准。例如,坚持一些因果的机制或连接。这些都是相当模糊的标准。在物理科学中,它可能包括"某距离的行动"的拒绝原则,这是一个大量/能量集群影响另一个大量/能量集群,必须有一些接触、粒子或波交换,但量子理论显然暗示某距离的行动。汤姆森写道:"量子力学的因果关系是统计,它适用于大多数个体。它的概率通常介于0和1,惯用的解释是,相当一部分人做一件事而另一部分人做别的事。"(Thomsen, 1987: 346)该因果关系的解释和"量子力学不能作出预测个别对象"与社会科学的因果想法一致,某距离的行动似乎排除了因果关系第四个标准的需要(机制或联系)。更深入的讨论请参阅巴比(Babbie, 2001:第3章)、布莱洛克(Blalock 1964、1971)、库克和坎贝尔(Cook & Campbell, 1979:第1、第4章)以及纳格尔(Nagel, 1961)的著作。不同的观点认为,在社会科学调查中,使用"因果关系"这个名词不妥当且不必要(Kerlinger, 1986: 361)。

[4] 全国犯罪调查后来改名为"全国犯罪受害调查",基于研究调查方法术语的一致性,这本书会使用较早的用词,除了比较两者之外。

[5] 如果 N 是所有时期的个案数量，T 是个案数据的时期数目，那么 $N(T-1)$ 的个案就足够使用某个特定的方法（例如，平均值差异的显着测验或三四个自变量的多元回归），也可以用集合截面和单一的二三波的纵贯时间序列数据来分析。

[6] 塔里斯为处理纵贯研究的缺失数据提供了很详尽的介绍（Taris, 2000）。艾利森（Allison, 2002）、罗维和德莱尼（Rovine & Delaney, 1990）提供了类似但更深入的介绍。卡瑟波等人（Kasprzyk et al., 1989）和李涛等人（Little et al., 2000）用了几章的篇幅讲解了纵贯研究的缺失数据的问题。列波斯基（Lepkowski, 1989）比较了加权和插补法来调整回应流失，包括对稍后波、跨波以及同波参加者的流失进行插补，并用结合加权和插补法来处理缺失数据。

参考文献

Agresti, A., & Finlay, B. (1997). *Statistical methods for the social sciences* (3rd ed.). Upper Saddle River, NJ: Prentice Hall.

Ahluwalia, M. S. (1974). "Income inequality: Some dimensions of the problem." In H. B. Chenery, M. S. Ahluwalia, C. L. G. Bell, J. H. Duloy, & R. Jolly(Eds.), *Redistribution with growth: An approach to policy* (pp. 3—37). Oxford, UK: Oxford University Press.

Ahluwalia, M. S. (1976). "Inequality, poverty, and development." *Journal of Development Economics*, *2*, 307—342.

Allison, P. D. (1984). *Event history analysis: Regression for longitudinal event data*. Beverly Hills, CA: Sage.

Allison, P. D. (1990). "Change scores as dependent variables in regression analysis." In C. C. Clogg(Ed.), *Sociological methodology 1990* (Vol. 20, pp. 93—114). Washington, DC: American Sociological Association.

Allison, P. D. (2002). *Missing data*. Thousand Oaks, CA: Sage.

Appleman, P. (Ed.). (1976). *Thomas Robert Malthus: An essay on the principle of population*. New York: Norton.

Armas, G. C. (2001, March 2.). "Battle brewing over census count." Associated Press.

Asher, H. B. (1983). *Causal modeling* (2nd ed.). Thousand Oaks, CA: Sage.

Babbie, E. (2001). *The practice of social research* (9th ed.). Belmont, CA: Wadsworth.

Baltes, P. B., Cornelius, S. W., & Nesselroade, J. R. (1979). "Cohort effects in developmental psychology." In J. R. Nesselroade & P. B. Baltes(Eds.), *Longitudinal research in the study of behavior and development* (pp. 61—87). New York: Academic Press.

Baltes, P. B., & Nesselroade, J. R. (1979). "History and rationale of longitudinal research." In J. R. Nesselroade & P. B. Baltes(Eds.), *Longitudinal research in the study of behavior and development* (pp. 1—39). New York: Academic Press.

Barnard, J. R., & Krautmann, A. C. (1988). "Population growth among U. S. regions and metropolitan areas: A test for causality." *Journal of Regional Science*, *22*, 103—118.

Bartholomew, D. J. (1973). *Stochastic models for social processes* (2nd ed.). New York: John Wiley.

Bauer, R. A. (Ed.). (1966). *Social indicators*. Cambridge: MIT Press.

Beck, N., & Katz, J. N. (1995). "What to do(and not to do) with time-series cross-section data." *American Political Science Review*, *82*, 634—647.

Beck, N., Katz, J. N., & Tucker, R. (1998). "Taking time seriously: Time-series-cross section analysis with a binary dependent variable." *American Journal of Political Science*, *42*, 1260—1288.

Becker, G. S., Landes, E. M., & Michael, E T. (1977). "An economic analysis of marital instability." *Journal of Political Economy*, *82*, 1141—1187.

Berrueta-Clement, J., Schweinhart, L. J., Barnett, W. S., Epstein, A. S., & Weikart, D. P. (1984). *Changed lives: The effects of the Perry Preschool Program on youths through age 19*. Ypsilanti, MI: HigW-Scope Educational Research Foundation.

Berry, W. D. (1984). *Nonrecursive causal models*. Beverly Hills, CA: Sage.

Bickman, L., & Rog, D. J. (Eds.). (1998). *Handbook of applied social research methods*. Thousand Oaks, CA: Sage.

Bljleveld, C. J. H., & van der Kamp, L. J. T., with Mooijaart, A., van der Kloot, W. A., van der Leeden, R., & van der Burg, E. (1998). *Longitudinal data analysis: Designs, models, and methods*. London: Sage.

Black, C. E. (1966). *The dynamics of modernization*. New York: Harper & Row.

Blalock, A. B., & Blalock, H. M., Jr. (1982). *An introduction to social research*. Englewood Cliffs, NJ: Prentice Hall.

Blalock, H. M., Jr. (1962). "Four-variable causal models and partial correlations." *American Journal of Sociology*, *62*, 182—194.

Blalock, H. M., Jr. (1964). *Causal inference in nonexperimental research*. New York: Norton.

Blalock, H. M., Jr. (1969). *Theory construction: From verbal to mathematical formulations*. Englewood Cliffs, NJ: Prentice Hall.

Blalock, H. M., Jr. (Ed.). (1971). *Causal models in the social sciences*. Chicago: Aldine.

Blau, P. M., & Duncan, O. D. (1966). *The American occupational struc-*

ture. New York: John Wiley.

Blossfeld, H., Hamerle, A., & Mayer, K. U. (1989). *Event history analysis: Statistical theory and application in the social sciences*. Hillsdale, NJ: Lawrence Erlbaum.

Blumstein, A., Cohen, J., Roth, J. A., & Visher, C. A. (Eds.). (1986). *Criminal careers and "career criminals"* (Vols. 1, 2). Washington, DC: National Academy Press.

Bollen, K. A. (1989). *Structural equations with latent variables*. New York: John Wiley.

Bohrnstedt, G. W. (1983). "Measurement." In P. H. Rossi, J. D. Wright, & A. B. Anderson(Eds.), *Handbook of survey research* (pp. 69—121). Orlando, FL: Academic Press.

Box, G. E. P., & Jenkins, G. M. (1970). *Time series analysis: Forecasting and control*. San Francisco: Holden-Day.

Box, G. E. P., Jenkins, G. M., & Reinsel, G. C. (1994). *Time series analysis: Forecasting and control* (3rd ed.). San Francisco: Holden-Day.

Brehm, J. (1993). *The phantom respondents: Opinion surveys and political representation.* Ann Arbor: University of Michigan Press.

Brown, C., Duncan, G. J., & Stafford, F. P. (1996). "Data watch: The Panel Study of Income Dynamics." *Journal of Economic Perspectives*, *12*, 155—168.

Bryk, A., & Raudenbush, S. (1992). *Hierarchical linear models: Applications and data analysis methods*. Newbury Park, CA: Sage.

Bulmer, M. G. (1979). *Principles of statistics*. New York: Dover.

Bureau of Justice Statistics. (1992). *Criminal victimization in the United States: 1973—1990 trends.* Washington, DC: U. S. Department of Justice.

Burgess, R. D. (1989). "Major issues and implications of tracing survey respondents." In D. Kasprzyk, G. Duncan, G. Kalton, & M. P. Singh (Eds.), *Panel surveys* (pp. 52—74). New York: John Wiley.

Caldwell, J. C. (1976). "Toward a restatement of demographic transition theory." *Population and Development Review*, *2*, 321—366.

Campbell, D. T., & Stanley, J. C. (1963). *Experimental and quasi-experimental designs for research*. Chicago: Rand McNally.

Cantor, D. (1989). "Substantive implications of longitudinal design features: The National Crime Survey as a case study." In D. Kasprzyk, G. Duncan, G. Kalton, & M. P. Singh (Eds.), *Panel surveys* (pp. 25—

51). New York: John Wiley.

Caplow, T. , Hicks, L. , & Wattenberg, B. J. (2001). *The first measured century: An illustrated guide to trends in America, 1900—2000*. Washington, DC: AEI Press.

Carlson, E. (1979). "Divorce rate fluctuation as a cohort phenomenon." *Population Studies*, *32*, 523—536.

Chilton, R. , & Spielberger, A. (1971). "Is delinquency increasing? Age structure and the crime rate." *Social Forces*, *42*, 487—493.

Clarridge, B. R. , Sheehy, L. L. , & Hauser, T. (1977). "Tracing members of a panel: A 17-year follow-up." In K. F. Schuessler(Ed.), *Sociological methodology 1978* (pp. 185—203). San Francisco: Jossey-Bass.

Collins, C. , Given, B. , & Berry, D. (1989). "Longitudinal studies as intervention." *Nursing Research*, *32*, 251—253.

Collins, L. (2001). "Reliability for static and dynamic categorical latent variables: developing measurement instruments based on a model of the growth process." In L. M. Collins & A. G. Sayer(Eds.), *New methods for the analysis of change* (pp. 273—288). Washington, DC: American Psychological Association.

Collins, L. M. , Hyatt, S. S. , & Graham, J. W. (2000). "Latent transition analysis as a way of testing models of stage-sequential change in longitudinal data." In, T. D. Little, K. U. Schnabel, & J. Baumert(Eds.), *Modeling longitudinal and multilevel data: Practical issues, applied approaches, and specijic examples* (pp. 147—161). Mahwah, NJ: Lawrence Erlbaum.

Collins, L. M. , & Sayer, A. G. (Eds.). (2001). *New methods for the analysis of change*. Washington, DC: American Psychological Association.

Converse, J. M. , & Presser, S. (1986). *Survey questions: Handcrafing the standardized questionnaire*. Beverly Hills, CA: Sage.

Cook, T. D. , & Campbell, D. T. (1979). *Quasi-experimentation: Design and analysis issues forfield settings*. Chicago: Rand McNally.

Cordray, S. , & Polk, K. (1983). "The implications of respondent loss in panel studies of deviant behavior." *Journal of Research in Crime and Delinquency*, *22*, 214—242.

Covey, H. C. , & Menard, S. (1987). "Trends in arrests among the elderly." *The Gerontologist*, *22*, 666—672.

Covey, H. C. , & Menard, S. (1988). "Trends in elderly criminal victimization from 1973— 1984." *Research on Aging*, *12*, 329—341.

Cromwell, J. B., Hannan, M. J., Labys, W. C., & Terraza, M. (1994). *Multivariate tests for time series models*. Thousand Oaks, CA: Sage.

Cronbach, L. J., & Furby, L. (1970). "How should we measure change-Or should we?" *Psychological Bulletin*, *72*, 68—80.

Davies, R. B. (1994). "From cross-sectional to longitudinal analysis." In A. Dale & R. B. Davies(Eds.), *Analyzing social and political change: A casebook of methods* (pp. 20—40). London: Sage.

Davies, R. B., & Pickles, A. R. (1985). "Longitudinal versus cross-sectional methods for behavioral research: A first-round knockout." *Environment and Planning A*, *12*, 1315—1329.

Davis, J. A. (1985). *The logic of causal order*. Beverly Hills, CA: Sage.

Davis, J. A., & Smith, T. W. (1992). *The NORC General Social Survey: A user's guide*. Newbury Park, CA: Sage.

Davis, K. (1963). "The theory of change and response in modem demographic history." *Population Index*, *22*, 345—366.

Dempster-McClain, D., & Moen, P. (1998). "Finding respondents in a follow-up study." In J. Z. Giele & G. H. Elder, Jr. (Eds.), *Methods of life course research* (pp. 128—151). Thousand Oaks, CA: Sage.

Easterlin, R. A. (1987). *Birth andfortune* (2nd ed.). Chicago: University of Chicago Press. Elliott, D. S., Huizinga, D., & Ageton, S. S. (1985). *Explaining delinquency and drug use*. Beverly Hills, CA: Sage.

Elliott, D. S., Huizinga, D., & Menard, S. (1989). *Multiple problem youth: Delinquency, substance use, and mental health problems*. New York: Springer-Verlag.

Federal Bureau of Investigation. (annual). *Uniform crime reports*. Washington, DC: Government hinting Office.

Finkel, S. E. (1995). *Causal analysis with panel data*. Thousand Oaks, CA: Sage.

Firebaugh, G. (1980). "Cross national versus historical regression models: Conditions of equivalence in comparative analysis." *Comparative Social Research*, *2*, 333—344.

Fowler, E(1998). "Design and evaluation of survey questions." In L. Bickman & D. J. Rog(Eds.), *Handbook of applied social research methods* (pp. 343—374). Thousand Oaks, CA: Sage.

Freedman, D. , Thornton, A. , Camburn, D. , Alwin, D. , & Young-Demarco, L. (1988). "The life history calendar: A technique for collecting retrospective data." In C. Clogg(Ed.), *Sociological methodology 1988*(pp. 37—68). Washington, DC: American Sociological Association.

Freeman, D. (1983). *Margaret Mead and Samoa: The making and unmaking of an anthropological myth*. Cambridge, MA: Harvard University Press.

Giele, J. Z. , & Elder, G. H. , Jr. (Eds.). (1998). *Methods of life course research: Qualitative and quantitative approaches*. Thousand Oaks, CA: Sage.

Gist, N. P. , & Fava, S. E(1974). *Urban society*(6th ed.). New York: Crowell/Harper & Row.

Glenn, N. (1976). "Cohort analysts' futile quest: Statistical attempts to separate age, period, and cohort effects." *American Sociological Review*, *41*, 900—904.

Glenn, N. (1977). *Cohort analysis*. Beverly Hills, CA: Sage.

Gold, M. , & Reimer, D. J. (1975). "Changing patterns of delinquent behavior among Americans 13 through 16 years old: 1967—1972." *Crime and Delinquency Literature*, *2*, 483—577.

Gottman, J. M. (Ed.). (1995). *The analysis of change*. Mahwah, NJ: Lawrence Erlbaum.

Graetz, B. (1987). "Cohort changes in educational inequality." *Social Science Research*, *12*, 329—344.

Graham, J. W. , & Hofer, S. M. (2000). "Multiple imputation in multivariate research." In T. D. Little, K. U. Schnabel, & J. Baumert(Eds.), *Modeling longitudinal and multilevel data: Practical issues, applied approaches, and specific examples* (pp. 201—218). Mahwah, NJ: Lawrence Erlbaum.

Granger, C. W. J. (1969). "Investigating causal relations by econometric models and crossspectral methods." *Econometrica*, *32*, 424—438.

Greenberg, D. F. (1985). "Age, Crime, and social explanation." *American Journal of Sociology*, *91*, 1—21.

Grusky, D. B. (2001). *Stratification: class, race, and gender in sociological perspective*(2nd ed.). Boulder, CO: Westview.

Hamblin, R. L. , Jacobsen, R. B. , & Miller, J. L. L. (1973). *A mathematical theory of social change*. New York: John Wiley.

Hartford, R. B. (1984). "The case of the elusive infant mortality rate." *Population Today*, *2*, 6—7.

Hayduk, L. A. (1987). *Structural modeling with WSREL: Essentials and advances*. Baltimore: Johns Hopkins University Press.

Heise, D. R. (1975). *Causal analysis*. New York: John Wiley.

Henry, B., Moffitt, T. E., Caspi, A., Langley, J., & Silva, P. A. (1994). "On the 'remembrance of things past': A longitudinal evaluation of the retrospective method." *Psychological Assessment*, *2*, 92—101.

Heyns, B. (1978). *Summer learning and the effects of schooling*. New York: Academic Press.

Hill, M. S. (1992). *The Panel Study of Income Dynamics: A user's guide*. Newbury Park, CA: Sage.

Hobcraft, J., Menken, J., & Preston, S. (1982). "Age, period, and cohort effects in demography: A review." *Population Index*, *42*, 4—43.

Hogan, H., & Robinson, G. (2000). *What the Census Bureau's coverage evaluation programs tell us about the differential undercount*. Washington, DC: U. S. Department of Commerce, Bureau of the Census.

Hosmer, D. W., Jr., & Lemeshow, S. (1999). *Applied survival analysis: Regression modeling of time to event data*. New York: John Wiley.

Hout, M. (1983). *Mobility tables*. Beverly Hills, CA: Sage.

Hout, M., Manza, J., & Brooks, C. (1999). "Classes, unions, and the realignment of U. S. presidential voting, 1952—1992." In G. Evans (Ed.), *The end of classpolitics: Class voting in comparative perspective* (pp. 83—95). Oxford, UK: Oxford University Press.

Huckfeldt, R. R., Kohfeld, C. W., & Likens, T. W. (1982). *Dynamic modeling: An introduction*. Beverly Hills, CA: Sage.

Huizinga, D. H., Menard, S., & Elliott, D. S. (1989). "Delinquency and drug use: Temporal and developmental patterns." *Justice Quarterly*, *2*, 419—455.

Inglehart, R. (1997). *Modernization and postmodernization: Cultural, economic, and political change in 43 societies*. Princeton, NJ: Princeton University Press.

Jenkins, G. M., & Watts, D. G. (1968). *Spectral analysis and its applications*. San Francisco: Holden-Day.

Johnston, L. D., Bachman, J. G., & O'Malley, P. M. (annual). *Monito-*

ring the future: *Questionnaire responses from the nation's high school seniors*. Ann Arbor, MI: Institute for Social Research.

Jöreskog, K. G. , & Sörbom, D. (1989). *LISREL 2*: *A guide to the program and applications* (2nd ed.). Chicago: SPSS.

Kalton, G. , Kasprzyk, D. , & McMillen, D. B. (1989). "Nonsampling errors in panel surveys." In D. G. Kasprzyk, G. Duncan, G. Kalton, & M. P. Singh (Eds.), *Panel surveys* (pp. 249—270). New York: John Wiley.

Kandel, D. B. (1975). "Stages of adolescent involvement in drug use." *Science*, *192*, 912—914.

Kandel, D. B. , & Faust, R. (1975). "Sequence and states in patterns of adolescent drug use." *Archives of General Psychiatry*, *32*, 923—932.

Kandel, D. B. , & Logan, J. A. (1984). "Patterns of drug use from adolescence to young adulthood: I. Periods of risk for initiation, continued use, and discontinuation." *American Jounal of Public Health*, *72*, 660—666.

Kaplan, D. (2000). *Structural equation modeling*: *Foundations and extensions*. Thousand Oaks, CA: Sage.

Kelling, G. L. , Pate, T. , Dieckman, D. E. , & Brown, C. E. (1974). *The Kansas City Preventative Patrol Experiment*: *A summary report*. Washington, DC: Police Foundation.

Kerlinger, F. N. (1986). *Foundations of behavioral research* (3rd ed.). New York: Holt, Rinehart & Winston.

Kessler, R. C. , & Greenberg, D. E. (1981). *Linear panel analysis*: *Models of quantitative change*. New York: John Wiley.

Kim, K. H. , & Roush, F. W. (1980). *Mathematics for social scientists*. New York: Elsevier.

Knoke, D. , & Hout, M. (1976). "Reply to Glenn." *American Sociological Review*, *41*, 905—908.

Kraemer, H. C. , & Thiemann, S. (1987). *How many subjects*? *Statistical power analysis in research*. Newbury Park, CA: Sage.

Lagrange, R. L. , & White, H. R. (1985). "Age differences in delinquency: A test of a theory." *Criminology*, *22*, 19—45.

Langeheine, R. , & van de Pol, E(1994). "Discrete-time mixed Markov latent class models." In A. Dale & R. B. Davies(Eds.), *Analyzing social and political change*: *A casebook of methods* (pp. 170—197). London:

Sage.

Lehnen, R. G., & Skogan, W. G. (Eds.). (1981). *The National Crime Survey: Working papers: Vol. I. Current and historical perspectives*. Washington, DC: U. S. Department of Justice.

Lepkowski, J. M. (1989). "Treatment of wave nonresponse in panel surveys." In D. G. Kasprzyk, G. Duncan, G. Kalton, & M. P. Singh (Eds.), *Panel surveys* (pp. 348—374). New York: John Wiley.

Lewis, O. (1951). *Life in a Mexican village: Tepoztlan restudied*. Urbana: University of Illinois Press.

Liker, J. K., Augustyniak, S., & Duncan, G. J. (1985). "Panel data and models of change: A comparison of first difference and conventional two-wave models." *Social Science Research*, *12*, 80—101.

Little, R. J. A., & Su, H. (1989). "Item nonresponse in panel surveys." In D. Kasprzyk, G. J. Duncan, G. Kalton, & M. P. Singh (Eds.), *Panel surveys* (pp. 400—425). New York: John Wiley.

Little, T. D., Schnabel, K. U., & Baumert, J. (Eds.). (2000). *Modeling longitudinal and multilevel data: Practical issues, applied approaches, and specific examples*. Mahwah, NJ: Lawrence Erlbaum.

Lloyd, L., Armour, P. K., & Smith, R. J. (1987). "Suicide in Texas: A cohort analysis of trends in suicide rates, 1945—1980." *Suicide and Life-Threatening Behavios 12*, 205—217.

Mahajan, V., & Peterson, R. A. (1985). *Models for innovation diffusion*. Beverly Hills, CA: Sage.

Markus, G. B. (1979). *Analyzing panel data*. Beverly Hills, CA: Sage.

Marsden, P. V. (Ed.). (1991). *Sociological methodology 1991*. Washington, DC: American Sociological Association.

Martin, E. (1983). "Surveys as social indicators: Problems in monitoring trends." In P. H. Rossi, J. D. Wright, & A. B. Anderson (Eds.), *Handbook of survey research* (pp. 677—743). Orlando, FL: Academic Press.

Mason, K. O., Mason, W. M., Winsborough, H. H., & POOLE, W. K. (1973). "Some methodological issues in cohort analysis of archival data." *American Sociological Review*, *32*, 242—258.

Mason, W. M., Mason, K. O., & Winsborough, H. H. (1976). "Reply to Glenn." *American Sociological Review*, *41*, 904—905.

Mauldin, W. P., & Berelson, B. (1978). "Conditions of fertility decline in developing countries: 1965—1975." *Studies in Family Planning*, *2*, 89—145.

McArdle, J. J., & Bell, R. Q. (2000). "An introduction to latent growth curve models for developmental data analysis." In T. D. Little, K. U. Schnabel, & J. Baumert(Eds.), *Modeling longitudinal and multilevel data* (pp. 69—107). Mahwah, NJ: Lawrence Erlbaum.

McCord, J. (1983). "A longitudinal study of aggression and antisocial behavior." In K. T. Van Dusen & S. A. Mednick (Eds.), *Prospective studies of crime and delinquency* (pp. 269—275). Boston: Kluwer-Nijhoff.

McGinnis, R. (1968). "A stochastic theory of social mobility." *American Sociological Review*, *23*, 712—722.

McKeown, T. (1976). *The modem rise of population*. London: Edward Arnold.

McKeown, T., & Record, R. (1962). "Reasons for the decline of mortality in England and Wales during the 19th century." *Population Studies*, *12*, 94—122.

McKim, V. R., & Turner, S. P. (Eds.). (1997). *Causality in crisis? Statistical methods and the search for causal knowledge in the social sciences*. Notre Dame, IN: Notre Dame University Press.

McNeill, W. H. (1976). *Plagues and peoples*. New York: Anchor/Doubleday.

Mead, M. (1928). *Coming of age in Western Samoa: A psychological study of primitive youth for western civilization*. New York: William Morrow.

Menard, S. (1983, April). *Reliability issues in international comparisons of inequality of income*. Paper presented at the annual meeting of the Western Social Science Association, San Diego, CA.

Menard, S. (1986). "A research note on international comparisons of inequality of income." *Social Forces*, *2*, 778—793.

Menard, S. (1987a). "Fertility, development, and family planning, 1970—1982: An analysis of cases weighted by population." *Studies in Comparative International Development*, *22*, 103—127.

Menard, S. (1987b). "Short term trends in crime and delinquency: A comparison of UCR, NCS, and self-report data." *Justice Quarterly*, *2*, 455—474.

Menard, S., & Elliott, D. S. (1990a). "Longitudinal and cross-sectional data collection and analysis in the study of crime and delinquency." *Justice Quarterly*, *2*, 11—55.

Menard, S., & Elliott, D. S. (1990b). "Self-reported offending, maturational reform, and the Easterlin hypothesis." *Journal of Quantitative Criminology*, *2*, 237—267.

Menard, S., & Elliott, D. S. (1994). "Delinquent bonding, moral beliefs, and illegal behavior: A three-wave panel model." *Justice Quarterly*, *11*, 173—188.

Menard, S., Elliott, D. S., & Huizinga, D. (1989). *The dynamics of deviant behavior: A national survey progress report* (National Youth Survey Report No. 49). Boulder, CO: Institute of Behavioral Science.

Menard, S., & Huizinga, D. (1989). "Age, period, and cohort size effects on self-reported alcohol, marijuana, and polydrug use: Results from the National Youth Survey." *Social Science Research*, *12*, 174—194.

Menard, S., & Mihalic, S. (2001). "The tripartite conceptual framework in adolescence and adulthood: Evidence from a national sample." *Journal of Drug Issues*, *31*, 905—938.

Mensch, B. S., & Kandel, D. B. (1988). "Underreporting of substance use in a national longitudinal youth cohort: Individual and interviewer effects." *Public Opinion Quarterly*, *52*, 100—124.

Murray, G. F., & Erickson, P. G. (1987). "Cross-sectional versus longitudinal research: An empirical comparison of projected and subsequent criminality." *Social Science Research*, *12*, 107—118.

Nagel, E. (1961). *The structure of science*. New York: Harcourt, Brace, & World.

Namboodiri, K., & Suchindran, C. M. (1987). *Life table techniques and their applications*. Orlando, FL: Academic Press.

Newcomb, M. D., & Bentler, P. M. (1988). *Consequences of adolescent drug use: Impact on the lives of young adults*. Newbury Park, CA: Sage.

Notestein, F. W. (1945). "Population: The long view." In T. W. Schultz (Ed.), *Food for the world* (pp. 26—57). Chicago: University of Chicago Press.

Ostrom, C. W., Jr. (1990). *Time series analysis: Regression techniques*. Newbury Park, CA: Sage.

Palmore, E. (1978). "When can age, period, and cohort be separated?" *So-*

cial Forces, *52*, 282—295.

Patterson, G. R. (1995). "Orderly change in a stable world: The antisocial trait as a chimera." In J. M. Gottman (Ed.), *The analysis of change* (pp. 83—101). Mahwah, NJ: Lawrence Erlbaurn.

Payne, C., Payne, J., & Heath, A. (1994). "Modelling trends in multiway tables." In A. Dale & R. B. Davies (Eds.), *Analyzing social and political change: A casebook of methods* (pp. 43—74). London: Sage.

Pearl, J. (2000). *Causality: Models, reasoning, and inference*. Cambridge, UK: Cambridge University Press.

Peters, H. E. (1988). "Retrospective versus panel data in analyzing lifecycle events." *Journal of Human Resources*, *22*, 488—573.

Piaget, J. (1948). *The moral judgment of the child*. New York: Free Press.

Piaget, J. (1951). *The child's conception of the world*. New York: Humanities Press.

Piaget, J. (1952). *The origins of intelligence in children*. New York: International University Press.

Platt, J. R. (1964). "Strong inference." *Science*, *142*, 347—353.

Plewis, I. (1985). *Analyzing change: Measurement and explanation using longitudinal data*. Chichester, UK: Wiley.

Population Reference Bureau. (1989). "Speaking graphically: When did you say you were born, Miss?" *Population Today*, *2*, 2.

President's Commission on Law Enforcement and the Administration of Justice. (1967). *The challenge of crime in a free society*. Washington, DC: Government Printing Office.

Raudenbush, S. W. (1995). "Hierarchical linear models to study the effects of social context on development." In J. M. Gottman (Ed.), *The analysis of change* (pp. 165—201). Mahwah, NJ: Lawrence Erlbaum.

Raudenbush, S. W. (2001). "Toward a coherent framework for comparing trajectories of individual change." In L. M. Collins & A. G. Sayer (Eds.), *New methods for the analysis of change* (pp. 35—64). Washington, DC: American Psychological Association.

Raudenbush, S. W., & Bryk, A. S. (2002). *Hierarchical linear models: Applications and data analysis methods* (2nd ed.). Thousand Oaks, CA: Sage.

Raudenbush, S., Bryk, A., Cheong, Y. F., & Congdon, R. (2000).

HLM 2: Hierarchical linear and nonlinear modeling. Chicago: Scientific Software International.

Redfield, R. (1930). *Tepoztlan: A Mexican village*. Chicago: University of Chicago Press.

Rennison, C. M. (2000). *Criminal victimization 1992: Changes 1998—1999 with trends* 1993—1999. Washington, DC: U. S. Department of Justice.

Richardson, L. F. (1960). *Arms and insecurity*. Pittsburgh: Boxwood Press.

Robey, B. (1989). "Two hundred years and counting: The 1990 census." *Population Bulletin*, *4(1)*, 1—43.

Rodgers, W. L. (1982a). "Estimable functions of age, period, and cohort effects." *American Sociological Review*, *42*, 774—787.

Rodgers, W. L. (1982b). "Reply to comment by Smith, Mason, and Fienberg." *American Sociological Review*, *42*, 793—796.

Rogosa, D. (1995). "Myths and methods: 'Myths about longitudinal research' plus supplemental questions." In J. M. Gottman(Ed.), *The analysis of change* (pp. 3—66). Mahwah, NJ: Lawrence Erlbaum.

Roitberg, T., & Menard, S. (1995). "Adolescent violence: A test of integrated theory." *Studies on Crime and Crime Prevention*, *2*, 177—196.

Rossi, P. H., Freeman, H. E., & Lipsey, M. W. (1999). *Evaluation: A systematic approach* (6th ed.). Newbury Park, CA: Sage.

Rostow, W. W. (1960). *The stages of economic growth: A non-communist manifesto*. Cambridge, UK: Cambridge University Press.

Rovine, M. J., & Delaney, M. (1990). "Missing data estimation in developmental research." In A. von Eye(Ed.), *Statistical methods in longitudinal research: Vol. I. Principles and structuring change* (pp. 35—79). Boston: Academic Press.

Rubin, Z., & Mitchell, C. (1978). "Couples research as couples counseling: Some unintended effects of studying close relationships." *American Psychologist*, *31*, 17—25.

Rutter, M., Maughan, B., Pickles, A., & Simonoff, E. (1998). "Retrospective recall recalled." In R. B. Cairns, L. R. Bergman, & J. Kagan (Eds.), *Methods and models for studying the individual* (pp. 219—242). Thousand Oaks, CA: Sage.

Ryoder, N. B. (1965). "The cohort as a concept in the study of social change." *American Sociological Review*, *32*, 843—861.

Sanders, D., & Ward, H. (1994). "Time-series techniques for repeated cross-section data." In A. Dale & R. B. Davies (Eds.), *Analyzing social and political change* (pp. 201—223). London: Sage.

Sayrs, L. W. (1989). *Pooled time series analysis*. Newbury Park, CA: Sage.

Schmidt, P., & Witte, A. D. (1988). *Predicting recidivism using survival models*. New York: Springer-Verlag.

Schoenberg, R. (1977). "Dynamic models and cross-sectional data: The consequences of dynamic misspecification." *Social Science Research*, *2*, 133—144.

Schweinhart, L. J., & Weikart, D. P. (1980). *Young children grow up: The effects of the Perry Preschool Program on youths through age 15*. Ypsilanti, MI: High/Scope Educational Research Foundation.

Shaffer, J. P. (Ed.). (1992). *The role of models in nonexperimental social science: Two debates*. Washington, DC: American Educational Research Association and American Statistical Association.

Sheldon, E. B., & Moore, W. E. (Eds.). (1968). *Indicators of social change: Concepts* and *measurements*. New York: Russell Sage.

Shryock, H. S., Siegel, J., & Associates. (1976). *The methods and materials of demography* (Condensed ed. by E. G. Stockwell). New York: Academic Press.

Simon, H. J. (1954). "Spurious correlation: A causal interpretation." *Journal of the American Statistical Association*, *42*, 467—479.

Sims, C. A. (1972). "Money, income, and causality." *American Economic Review*, *62*, 540—552.

Skogan, W. G. (1976). "The victims of crime: Some national survey findings." In A. L. Guenther (Ed.), *Criminal behavior and social systems* (2nd ed., pp. 131—148). Chicago: Rand McNally.

Smith, H. L., Mason, W. M., & Fienberg, S. E. (1982). "More chimeras of the ageperiod-cohort accounting framework: Comment on Rodgers." *American Sociological Review*, *42*, 787—793.

Sijders, T., & Bosker, R. (1999). *Multilevel analysis: An introduction to basic and advanced multilevel modeling*. London: Sage.

Sorenson, A. M., Brownfield, D., & Carlson, V. (1989). "Adult reports of juvenile delinquency: A research note on the reliability of a retrospective design." *Sociological Spectrum*, *2*, 227—237.

Stoolmiller, M. (1995). "Using latent growth curve models to study developmental processes." In J. M. Gomnan(Ed.), *The analysis of change* (pp. 103—138). Mahwah, NJ: Lawrence Erlbaum.

Stoolmilier, M., & Bank, L. (1995). "Autoregressive effects in structural equation models: We see some problems." In J. M. Gottman(Ed.), *The analysis of change* (pp. 261—276). Mahwah, NJ: Lawrence Erlbaurn.

Taris, T. W. (2000). *A primer in longitudinal data analysis*. London: Sage.

Thomlinson, R. (1976). *Population dynamics: Causes and consequences of world population change* (2nd ed.). New York: Random House.

Thompson, W. S. (1929). "Population." *American Journal of Sociology*, *32*, 959—975.

Thomsen, D. E. (1987). "In the beginning was quantum mechanics: Cosmologists take a chance on a quantum universe." *Science News*, *131*, 346—347.

Thornberry, T. P., Bjerregaard, B., & Miles, W. (1993). "The consequences of respondent attrition in panel studies: A simulation based on the Rochester Youth Development Study." *Journal of Quantitative Criminology*, *2*, 127—158.

Tolnay, S. E., & Christenson, R. L. (1984). "The effects of social setting and family planning programs on recent fertility declines in developing countries: A reassessment." *Sociology and Social Research*, *62*, 72—89.

Tsui, A. O., & Bogue, D. J. (1978). "Declining world fertility: Trends, causes, implications." *Population Bulletin*, *33*(*4*), 2—55.

U. S. Bureau of the Census. (1975). *Historical statistics of the United States: Colonial times to 1970* (Bicentennial ed.). Washington, DC: Government Printing Office.

van de Walle, E., & Knodel, J. (1980). "Europe's fertility transition: New evidence and lessons for today's developing world." *Population Bulletin*, *34*(*6*), 2—40.

Vigderhous, G. (1977). "Forecasting sociological phenomena: Application of Box-Jenkins methodology to suicide rates." In K. F. Schuessler (Ed.), *Sociological methodology 1978* (pp. 20—51). San Francisco: Jossey-Bass.

Wall, W. D. , & Williams, H. L. (1970). *Longitudinal studies and the social sciences*. London: Heinemann.

Walton, M. A. , Ramanathan, C. S. , & Reischl, T. M. (1998). "Tracking substance abusers in longitudinal research: Understanding follow-up contact difficulty." *American Journal of Community Psychology*, *22*, 233—253.

Wei, W. W. S. (1990). *Time series analysis: Univariate and multivariate methods*. Redwood City, CA: Addison-Wesley.

Weikart, D. P. , Bond, J. T. , & McNeil, J. T. (1978). *The Ypsilanti Perry Preschool Project: Preschool years and longitudinal results through fourth grade*. Ypsilanti, MI: HighIScope Educational Research Foundation.

Weis, J. G. (1986). "Issues in the measurement of criminal careers." In A. Blumstein, J. Cohen, J. A. Roth, & C. A. Visher(Eds.), *Criminal careers and "career criminals"* (Vol. 11, pp. 1—51). Washington, DC: National Academy Press.

Wetzel, R. D. , Reich, T. , Murphy, G. E. , Province, M. , & Miller, J. P. (1987). "The changing relationship between age and suicide rates: Cohort effect, period effect, or both?" *Psychiatric Developments*, *2*, 174—218.

Williams, J. , & Gold, M. (1972). "From delinquent behavior to official delinquency." *Social Problems*, *22*, 209—229.

Wofford, S. (1989). *A preliminary analysis of the relationship between employment and delinquency/crime for adolescents and young adults* (National Youth Survey Report No. 50). Boulder, CO: Institute of Behavioral Science.

Wright, R. E. (1989). "The Easterlin hypothesis and European fertility rates." *Population and Development Review*, *12*, 107—122.

Wright, R. E. , & Maxim, P. S. (1987). "Canadian fertility trends: A further test of the Easterlin hypothesis." *Canadian Review of Sociology and Anthmpology*, *22*, 339—357.

Yaffee, R. (with McGee, M.). (2000). *An introduction to time series analysis and forecasting with applications of SAS and SPSS*. San Diego: Academic Press.

Yamaguchi, K. (1991). *Event history analysis*. Newbury Park, CA: Sage.

Yamaguchi, K. , & Kandel, D. B. (1984a). "Patterns of drug use from adolescence to young adulthood: Ⅱ. Sequences of progression." *American Journal of Public Health*, *72*, 668—672.

Yamaguchi, K., & Kandel, D. B. (1984b). "Patterns of drug use from adolescence to young adulthood: Ⅲ. Predictors of progression." *American Journal of Public Health*, *72*, 673—681.

Zeller, R. A., & Carmines, E. G. (1980). *Measurement in the social sciences: The link between theory and data*. Cambridge, UK: Cambridge University Press.

译名对照表

age-specification	特定年龄
ANCOVA	协方差分析
ANOVA	方差分析
autoregression time series	自回归时间序列
causal analysis of differences	差异因果分析
change scores	改变值
cohort membership	世代成员
collinearity	共线性
concurrent validity	同时效度
Conditional Change Model	条件变化模型
Constant Coefficients Model	常系数模型
contemporaneous	同时发生
Cox Proportional Hazards Model	考克斯比例风险模型
deterministic model	决定模型
difference equation	差分方程
Differential Equation Models	微分方程模型
discriminant analysis	判别分析
dummy-variable regression analysis	虚拟变量回归分析
econometric time series	计量经济时间序列
endogenous variable	内生变量
ergodic	遍历
evaluation research	评估研究
event cohort	事件世代
event history analysis	事件史分析
exogenous variable	外生变量
extrapolation	外推法
family of orientation	原生家庭
family of procreation	再生家庭
Granger Causality	格兰杰因果关系
imputation	插补法
interpolation	内推法

interval measure	定距量度
interval scale	定距尺度
Lagged Endogenous Variable	滞后内生变量
Latent Growth Curve Model	潜在增长曲线模型
left-hand censoring	左侧删失
life history calendars	生活史日历
linear dependence	线性依赖
linear panel analysis	线性追踪分析
listwise deletion	成列删除
loglinear model	对数线性模型
longitudinal research	纵贯研究
Malthusian Theory	马尔萨斯理论
MANOVA	多元方差分析
Markov Chains	马尔可夫链
measurement interval	测量区间
multiple imputation	多元插补法
multi-year multi-cohort design	多年多世代设计
nonergodic	非遍历
panel conditioning	追踪样本的条件习惯效应
Parametric Event History Analysis Model	参数事件史分析模型
prewhitening	预白噪音化
probabilistic	概率
prospective panel study	前瞻式追踪样本设计
random coefficients	随机系数
raw gain	原增益
regression imputation	回归插补
repeated cross-sectional design	重复截面设计
residual gain	残差增益
retrospective panel design	回顾追踪样本设计
reverse telescoping	逆伸缩
revolving panel design	旋转追踪样本设计
secondary analysis	二次分析

simple autoregressive	简单自回归
social inertia	社会惯性
spectral analysis	光谱分析
Stacked Model	堆栈模式
stage-state analysis of temporal	阶段性时间分析
Stochastic Time Series Model	随机时间序列模型
Structural Equation Modelling	结构方程模型
survival and hazard analysis	生存和风险分析
synthetic cohort	综合世代
telescoping	伸缩
test-retest reliability	再测信度
time series analysis	时间序列分析
Time Series Regression（TSR）	时间序列回归
time-ordered cross-sectional design	时间序列截面设计
time-varying covariates	时变变量
total population design	总人口设计
Unconditional Change Model	无条件变化模型
weighting	加权
white noise process	白噪音过程

Longitudinal Research(2nd edition)

图书在版编目(CIP)数据

纵贯研究:第2版/(美)梅纳德(Menard, S.)著;李俊秀译.—上海:格致出版社:上海人民出版社,2012
(格致方法·定量研究系列)
ISBN 978-7-5432-2158-1

Ⅰ.①纵… Ⅱ.①梅… ②李… Ⅲ.①统计数据-统计分析(数学) Ⅳ.①0212.1

中国版本图书馆CIP数据核字(2012)第214122号

责任编辑 罗 康

格致方法·定量研究系列
纵贯研究(第二版)
[美]斯科特·梅纳德 著
李俊秀 译

出 版 世纪出版集团 www.ewen.cc
格致出版社 www.hibooks.cn
上海人民出版社
(200001 上海福建中路193号24层)

编辑部热线 021-63914988
市场部热线 021-63914081

发 行 世纪出版集团发行中心
印 刷 浙江临安曙光印务有限公司
开 本 920×1168毫米 1/32
印 张 5
字 数 95,000
版 次 2012年10月第1版
印 次 2012年10月第1次印刷
ISBN 978-7-5432-2158-1/C·85
定 价 15.00元